L'AUTONOMIE

DES

LICHENS

OU

RÉFUTATION

DU

SCHWENDENÉRISME

PARIS

JACQUES LECHEVALIER

LIBRAIRE-ÉDITEUR

23, RUE RACINE, 23

1884

L'AUTONOMIE

DES

LICHENS

OU

RÉFUTATION

DU

SCHWENDENÉRISME

PARIS

JACQUES LECHEVALIER

LIBRAIRE-ÉDITEUR

23, RUE RACINE, 23

1884

OUVRAGES DU MÊME AUTEUR

Catalogue des Lichens des Deux-Sèvres, Niort, Clouzot, 1877, in-8º.

De la Culture au point de vue ornemental des Plantes indigènes du département de la Vendée et des départements voisins. La Roche-sur-Yon, Gasté, 1881, in-8º.

Étude sur les Substratums des Lichens (Extrait des *Actes de la Société linnéenne de Bordeaux*). Niort, Clouzot, 1883, in-8º.

La Synthèse bryo-lichénique (Extrait du journal *le Naturaliste*). Paris, 1883, in-18.

Le Procès des lichénologues (Extrait du journal *le Naturaliste*). Paris, 1884, in-8º.

Les Céphalodies des Lichens et le Schwendenérisme (Extrait du journal *le Guide scientifique*). Morlaix, 1884, in-4º.

L'AUTONOMIE DES LICHENS

Ne quid falsi dicere audeat,
ne quid veri non audeat.
(CICÉRON.)

Je voudrais faire connaître non seulement aux lichénologues, aux botanistes, à ceux qui s'occupent d'histoire
naturelle, mais encore à tous les hommes de bon sens et
de jugement, une des plus étranges aberrations qu'aura
produites ce siècle si fécond en merveilles et en folies de
toutes sortes. Je voudrais appeler tout le monde à juger
ce débat. Il me semble, en effet, qu'il y aurait un intérêt
considérable à élargir le théâtre de cette discussion, à la
faire trancher en public, *coram populo*, comme on disait
autrefois. Il serait curieux de voir l'effet que produiraient
en pleine lumière, au grand jour du soleil, ces mystères
du laboratoire, philosophie hermétique ou pierre philoso-
phale, dont on parle à demi-voix dans un monde et dans
un langage ignorés du commun des mortels. Ce monde,
il faut en ouvrir les issues ; ce langage, il faut le mettre à
la portée des profanes. Après tout, ces choses si scientifiques, et dites avec tant de solennité par les savants, ne
sont pas si difficiles à comprendre. Il y en a même qui
sont fort drôles ; si drôles qu'on s'étonne que les augures
préposés à leur entretien puissent les regarder sans rire.

N'ayons donc pas peur. Écartons les voiles de l'asile
mystérieux. J'y ai pénétré moi-même bien souvent. J'y ai
rencontré des fantômes et certaines Chimères avec lesquelles j'ai lutté corps à corps. Elles ne sont pas bien
méchantes et ne m'ont fait aucun mal. Mais elles ont la

vie très dure, comme tous les spectres qui s'évanouissent dès qu'on les touche et qui reparaissent, un peu plus loin, uniquement pour se donner le plaisir de vous faire courir après eux. Mais les spectres n'aiment pas le grand jour et ont horreur des foules. C'est pourquoi je veux les poursuivre au soleil et en public.

———

I

Il y a des gens qui ont dit : « Vous voyez bien ces espèces de plantes qui tapissent de tons gris ou jaunes les arbres, les murs et les rochers? On appelait ça, autrefois, des Lichens ; vous croyez que c'est venu au monde comme toute autre chose, à l'aide d'une graine, d'un germe quelconque, sortis d'un individu tout semblable. Eh bien ! pas du tout ! C'est sorti de deux autres plantes tout à fait différentes de celles-ci et différentes aussi entre elles. C'est le produit d'une Algue et d'un Champignon. C'est un Allemand, du nom de Schwendener, qui a eu cette idée-là ; et nous le croyons parce qu'il l'a dit. »

Le mot *Schwendenérisme* exprime donc tout simplement cette idée étonnante et c'est pourquoi nous sommes obligés de nous servir de ce substantif barbare, à notre grand regret.

C'est à peu près comme si l'on disait : Vous voyez bien ces églantiers en fleurs, le long de ce chemin creux de la Vendée? Vous croyez que ces roses sont des fleurs qui donneront plus tard des graines, et que de ces graines naîtront, ensuite, d'autres églantiers? C'est une erreur. L'églantier est le produit d'un chêne et d'une marguerite !

Voilà la thèse qui a été soutenue et que je me propose de renverser, d'annihiler, de jeter à tous les diables. Vous croyez que rien n'est plus facile et qu'il n'y a qu'à souffler sur ce château de cartes pour qu'il s'écroule dans le ridicule. Détrompez-vous ; ce n'est pas si commode que cela. Cette petite idée a fait son chemin. Elle a eu ses adeptes, ses apôtres et ses martyrs ; et elle tient bon, non par elle-même : elle est ce qui n'est pas ! mais elle se propage par l'ardeur de ceux qu'elle inspire ; elle s'affirme par l'autorité légitime qui s'attache à l'enseignement officiel ; et si, elle-même n'est rien, la citadelle où elle s'est refugiée est armée de bastions formidables qui empêchent beaucoup de gens d'aller l'y chercher.

Je ne serai point retenu par une crainte de cette nature. Peu m'importe le lieu où elle est accueillie, peu m'importe aussi la qualité de ses défenseurs. La lutte à mort n'est pas contre eux, mais contre elle. C'est elle qu'il faut tuer sans merci. Quand elle sera morte, elle n'aura plus ni citadelle ni défenseurs.

II

Pour bien saisir la portée de ce débat, voyons donc d'abord ce qu'est un Lichen.

Le groupe de plantes désigné en botanique sous le nom de Lichens, comprend une grande quantité d'espèces fort différentes entre elles aux points de vue des formes, des dimensions et de l'anatomie des parties internes. Mais ne nous occupons pas des classifications ni des formes, qui s'éloignent plus ou moins des espèces les plus parfaites. Prenons, par exemple, parmi celles-ci, le plus vulgaire, le plus cosmopolite de tous les Lichens, celui qu'on rencontre partout et sur les corps les plus divers. C'est le *Physcia parietina*. Les arbres de nos jardins en sont couverts. De loin, il se distingue par sa couleur jaune-orange. Examiné de près, avec une loupe, il offre des contours lobés ou plissés et porte, sur sa surface, une quantité de petites élévations, en forme de soucoupe et d'une teinte un peu différente du reste de la plante. Si nous le détachons de l'écorce où il s'est fixé, il nous offre l'aspect d'une sorte de membrane fragile dont la surface inférieure est blanchâtre et parsemée de faibles aspérités ou rhizines destinées à le maintenir sur son support.

Est-ce bien une plante que nous avons là? ou ne serait-ce point plutôt un monstre abominable, une aberration criminelle de la Nature, un être double, enfanté au mépris de toutes les lois divines et humaines? Non; sa naissance est des plus légitimes; sa famille est là, tout autour de lui. Il est tout pareil à ceux dont il est issu, et ceux qui viendront après lui seront de sa race et de celle de ses ancêtres.

C'est qu'en effet, comme toutes les autres plantes, il a été produit par une graine, un marcottage, une bouture ou des sortes de bulbilles. Il en est chez nous qui n'ont jamais de fruits et qui, cependant, sont très abondants; ils ont été propagés par ces derniers moyens.

Mais faisons une connaissance plus complète avec notre *Physcia parietina*. Le microscope va permettre à notre regard de pénétrer dans tous ses tissus et de faire l'inventaire de tous ses organes. A Dieu ne plaise que je me lance dans l'énumération de tous ces détails si merveilleux et si simples tout à la fois. Ce n'est pas le lieu de faire un traité de physiologie lichénique. Qu'il me suffise simplement de dire que les petites élévations ou soucoupes, dont j'ai parlé tout à l'heure, sont de véritables fruits appelés *apothécies* et que les expansions de la plante, ou plutôt la plante elle-même, par rapport aux apothécies, s'appelle le *thalle*.

Les graines contenues das les apothécies ont reçu le nom de *spores* ([1]).

____

([1]) Voir mon travail sur *les Substratums des Lichens,* p. 6.

Les éléments qui composent le thalle se divisent en trois principales couches : la couche supérieure ou *corticale ;* la couche intermédiaire ou *médullaire ;* la couche inférieure ou *hypothalline* (¹).

La couche inférieure est peu intéressante ; mais les deux autres ont une grande importance, surtout au point de vue de la question qui nous occupe. C'est, en effet, dans la couche corticale que se rencontrent les *gonidies* qui sont le vrai point du litige, puisque le Schwendenérisme prétend que ce sont des *Algues.* Enfin, dans la couche médullaire s'étendent, enchevêtrées dans un tissu lâche, les hyphes ou plutôt les *myélohyphes* qui, selon quelques Schwendenériens, sont le *Champignon* fiancé par eux à la gonidie.

Voilà, je crois, la question nettement posée et tout le monde, même les ignorants, pourront la comprendre.

L'immense majorité des spécialistes qui se sont consacrés à l'étude des Lichens et, à leur tête, l'illustre docteur Nylander, n'ont cessé de répéter, d'accord en cela avec le plus simple bon sens, que du moment que les Lichens avaient des graines, ces graines servaient évidemment à quelque chose, puisqu'il est admis que rien n'a été créé inutilement. En vain ont-ils fait remarquer que si cette graine reproduit un individu en tout semblable à celui dont elle était sortie, c'est que les choses se passaient là comme ailleurs, d'une manière parfaitement normale et naturelle. Hélas ! c'était démontrer l'évidence ; et quand l'évidence est niée, on la sent ou on ne la sent pas, mais on ne la démontre pas ! Aussi n'essaierai-je point, à mon tour, d'entreprendre une tâche si ingrate, je dirais presque si triste et si décourageante. Mais si la vérité d'un axiome échappe aux efforts du raisonnement,

(¹) Voir mon travail sur *les Substratums des Lichens,* p. 12.

l'erreur, au contraire, doit être attaquée sans relâche, avec une persévérance inébranlable, toujours et partout, sous toutes ses formes et dans toutes ses manifestations.

Voyons donc comment cette erreur a pu naître et comment elle a pu progresser jusqu'au point où elle est parvenue aujourd'hui.

III

Un mot d'abord au sujet des *gonidies*, objet du litige.

Qu'est-ce qu'une gonidie ?

Le Schwendenérisme dit que c'est une Algue venue du dehors.

Nous verrons, plus loin, une analyse et une nomenclature complète des différentes formes que peuvent prendre les gonidies. En attendant, contentons-nous de savoir que ce sont des cellules remplies d'une matière jaune-verdâtre, qui n'est autre chose que de la chlorophylle. La chlorophylle, tout le monde le sait, est la substance qui donne aux plantes leur teinte verte. On rencontre les gonidies souvent réduites aux mêmes types dans les espèces de Lichens les plus différentes, comme les globules du sang sont constants chez les animaux. Cette uniformité dans des conditions et des milieux si divers, leur multiplication par segmentation dans l'intérieur des thalles, et parfois même dans les apothécies de certaines espèces, suffisent, au premier abord, pour les faire considérer comme des organes naturels des Lichens. Elles sont là au même titre que les autres organes. Leur provenance extra-thalline n'était jamais venue à l'idée de personne avant l'invention du Schwendenérisme. Le bon sens et l'observation disaient qu'un Lichen, ce *Physcia parietina*, par exemple, dont nous parlions tout à l'heure, était une plante complète, parfaitement autonome et pourvue, dans

— 9 —

le modeste rôle que Dieu lui a assigné, d'une entité, d'une
individualité propres. Elle avait tout ce qu'il lui fallait
pour vivre, se développer et se reproduire. Comme
toutes les autres plantes, elle se reliait par ses différents
caractères spécifiques à d'autres groupes analogues,
genres, familles ou tribus et faisait partie d'une grande
classe de végétaux fort distincte des autres classes.
C'était là l'évidence, c'était un des éléments nettement
définis de cette harmonie grandiose de la Nature où,
comme je l'ai dit ailleurs (¹), tout est mêlé, mais où rien
n'est confondu ; où tout obéit à ces lois divines et im-
muables qui régissent les mondes comme les moindres
atômes et contre lesquelles l'orgueil humain vient inutilement se briser.

Mais c'était là de l'histoire ancienne. Le Schwendenérisme a changé tout cela. Plus de lois, plus d'expérience,
plus de bon sens ! ni Providence, ni harmonie, ni autorité scientifique ! Chacun pourra bâtir des châteaux en
Espagne ; le premier venu pourra présenter son système
en l'air. Tous ces systèmes contradictoires, dus plutôt au
courant de la plume qu'aux investigations du microscope
formeront un ensemble confus, incohérent, insensé, un
galimatias inextricable, où les jeunes clercs perdront leur
latin. Plus ce sera incompréhensible, extraordinaire, ren-
versant, plus cela aura de succès. N'est-ce pas le propre
de notre époque actuelle d'aimer tout ce qui sort des
voies ordinaires et de n'abandonner les chemins battus
que pour s'égarer au bord des précipices !

L'erreur est principalement venue de ce que les physiologistes et anatomistes *in genere*, n'ayant que des
notions incomplètes sur l'ensemble de la classe des
Lichens, ne les connaissant guère en tant qu'espèces et

(¹) *De la Culture au point de vue ornemental des Plantes indigènes
de la Vendée et des départements voisins.*

ne les étudiant que par individualités séparées, se sont placés imprudemment dans un milieu qui leur était peu familier et ont voulu agir comme s'ils étaient chez eux. Il est bien remarquable, en effet, comme je l'ai répété ailleurs plusieurs fois, que la grande majorité des spécialistes en lichénologie a toujours repoussé le Schwendenérisme, comme une fable indigne d'une discussion sérieuse. En dehors de la question du fond, c'est là une considération de la plus grave importance, car il est évident que ceux qui ont le plus qualité pour formuler les principes d'une science sont précisément les maîtres, comme le Dr Nylander, par exemple, qui lui ont consacré leur vie entière et se sont illustrés par des travaux immortels connus et appréciés dans tout l'univers. Quand ceux-là ont formulé leur pensée et montré le résultat de leurs observations; quand surtout ces observations sont si simples que l'étudiant le plus novice peut les contrôler avec le plus modeste microscope; il semble vraiment que les physiologistes, plus ou moins étrangers à l'étude des Lichens, sont mal venus à proposer des inventions et des suppositions chimériques en opposition formelle avec toutes les lois de la nature et tous les faits observés.

Ce sont cependant ceux-là qui ont été écoutés et la voix du grand savant, de l'observateur si compétent que je viens de nommer, s'est perdue dans le bruit qu'on fait ses adversaires autour de leur thèse impossible. *Vox clamantis in deserto !* Ceux qui connaissent les Lichens l'ont écouté, ont recueilli, comme un trésor, les enseignements de son génie. Ceux qui ne savaient trop ce qu'étaient les Lichens et qui ne s'en souciaient guère, l'ont méconnu et, plutôt que de le suivre dans la vérité et la sagesse, ont opposé à ses travaux une Babel étrange où ils se disputent entre eux, en parlant une langue qu'ils ne connaissent pas.

IV

Déjà, avant Schwendener, Bayrhoffer avait publié, en 1851 ([1]) et en 1860 ([2]), une théorie de l'origine des gonidies qui fut le point de départ de la fausse route suivie plus tard par les autres. Il prétendait que les gonidies naissaient directement des extrémités des hyphes. C'était également l'opinion de M. Th. Fries, professeur à l'Université d'Upsal, qui, dans la préface de ses *Lichens de la Scandinavie*, publiée en 1871, s'exprime ainsi (p. 7) :

« Les hyphes, dit-il, ne sont pas seulement allongées en filaments, mais encore elles émettent de courtes ramifications dont la cellule terminale se dilate graduellement, devient subglobuleuse et finit par se remplir de chlorophylle ou d'une matière anologue. Quelques-unes de ces cellules terminales se transforment en gonidies qui, à leur tour, par suite de différents modes de division, produisent d'autres gonidies. »

Cette hypothèse de la formation des gonidies avait été, aussi, parfaitement confirmée par Schwendener ([3]), avant M. Th. Fries qui l'a adoptée et appuyée de ses propres observations, mais qui ne semble la développer que pour combattre la théorie algo-lichénique. « Cette théorie, dit-il, nous semble aussi contraire à la vérité qu'à la nature, et nous ne sachons pas qu'elle ait trouvé un seul partisan parmi les lichénologues contemporains ([4]). »

([1]) *Einiges ueber Lichenen und deren Befruchtung* (1851).

([2]) *Entwickelung und Befruchtung der Cladoniaceen* (1860).

([3]) *Untersuchungen ueber den Flechtenthallus.*

([4]) « *Qualis theoria veritati naturæque nobis videtur omnino repugnare, neque, quantum scimus, inter lichenologos hodiernos quemquam invenit fautorem.* Th. Fries, *loc. cit.*, p. 4 (1871).

Du reste Bayrhoffer a été assez maltraité en Allemagne par Krempelhuber, l'auteur de l'*Histoire de la littérature lichénologique* qui dit, au sujet du premier ouvrage de son compatriote : « L'auteur y donne ses idées et suppositions relatives à la fécondation, mais cela n'a rien de sérieux ni de réel et ne sert qu'à fournir une curiosité de plus à la littérature lichénologique ; » et au sujet du second : « Il surpasse en obscurité le premier et mérite le même sort, » — c'est-à-dire l'oubli (*loc. cit.*, p. 387).

J'ai moi-même signalé, dans mon *Étude sur les Substratums des Lichens*, les erreurs d'observation de Bayrhoffer qui croit que les gonidies sont mâles et femelles, etc.

M. Minks, de Stettin, l'inventeur des microgonidies dont il sera parlé plus loin, a essayé, malgré le jugement de Tulasne et de Krempelhuber, de ressusciter les théories de Bayrhoffer. MM. Famitzin et Baranetzky, avaient, au contraire, déclaré que les gonidies étaient des Algues qui pouvaient vivre séparées et indépendantes des Lichens. Mais M. Petrowsky et M. Jaroslaw ont combattu cette idée et ont pensé que les zoospores, observées dans de prétendues gonidies de Lichens, provenaient simplement d'Algues unicellulaires qui s'étaient gli·sées dans le champ du microscope

Mais en 1866, de Bary ( ), qui avait remarqué une certaine ressemblance entre les gonidies des Collemacées et certaines Algues, était arrivé aux conclusions suivantes :

« Ou les Lichens en question, dit-il, sont l'état parfaitement développé de plantes dont les formes encore imparfaites ont été placées, jusqu'à présent, parmi les Algues sous les noms de *Nostocacées* et de *Chroococcacées ;* ou bien ces dernières sont des Algues typiques qui affectent des formes de *Collema*, d'*Ephebe*, etc., parce

(¹) *Morpholog. und Physiolog. der Pilzen, Flechten*, etc., p. 201.

que certains Ascomycètes parasites pénètrent dans leurs tissus, étendent leur mycelium dans le thalle à mesure que celui-ci se développe, et, souvent, s'attachent à leurs cellules remplies de phycochrome. »

C'est cette alternative qui a été tranchée par Schwendener dans le sens de la seconde hypothèse. Mais en même temps Schwendener abandonnait sa première hypothèse de l'origine des gonidies par l'extrémité des hyphes. A l'appui de ce revirement d'opinion, il affirmait que ce développement gonidial des hyphes n'avait jamais été observé !

C'est alors que sa théorie fut formulée dans toute sa netteté : la gonidie est une Algue, l'hyphe est un Champignon. Le point de départ de cette funeste erreur avait été une fausse analogie, mal observée entre les Collemacées et certaines Algues prétendues telles. En effet, les *Nostoc, Scytonema* et *Stigonema* qui, pour Schwendener et ses disciples, étaient des Algues, se sont trouvés, plus tard, être de véritables Lichens. Mais ce ne fut pas seulement à ces groupes de Lichens inférieurs que Schwendener voulut appliquer son système ; il l'étendit à tous les Lichens sans exception ([1]).

M. Marc Rees ([2]) vint prêter son concours à l'inventeur de la théorie algo-lichénique par la publication d'une découverte inattendue : des spores de *Collema glaucescens* avaient germé sur le *Nostoc lichénoïdes* et avaient produit un mycelium de champignon pénétrant qui devait ensuite transformer ce *Nostoc* en *Collema glaucescens*.

Voilà une belle découverte ! Mais, ainsi que je l'ai établi, à plusieurs reprises, dans mon travail sur les *Substratums* et dans mon article sur la synthèse bryo-lichénique de

[1] *Die Algentypen der Flechtengonidien,* 1869.

[2] Rees, *Enstehung der Flechte Collema glaucescens.* Berlin, 1871.

M. Bonnier, les spores des Lichens germent sur n'importe quoi, et certaines espèces vivent même d'une façon, anormale, les unes sur les autres. Qu'y a-t-il donc d'étonnant à ce qu'un *Collema* végète sur tel ou tel cryptogame? Ce sont là des faits vulgaires très connus des lichénologues, mais devant lesquels les chercheurs de systèmes s'arrêtent ébahis.

Les Lichens furent ainsi dépossédés de leur place dans règne le végétal. Ce furent des êtres doubles composés de l'union intime de deux autres végétaux appartenant, euxmêmes, à deux classes différentes. Ces grandes Parmélies qui couvrent de vastes surfaces de rochers, ces énormes *Nephroma articum* aux apothécies larges d'un pouce, ces Usnées, ces Alectories chevelues, qui pendent aux branches des arbres comme des flocons de laine; ces Verrucaires infimes; ces Lecidées crustacées et ces champs de Cladonies que paissent les rennes dans les régions boréales; tout cela si varié, si différent l'un de l'autre, toutes ces formes, toutes ces couleurs, toutes ces diversités de station, d'habitat et de distribution géographique; tout cela c'est l'association d'un Champignon et d'une Algue.

Toujours la même Algue, remarquez-le bien! et toujours aussi le même Champignon : l'une appartenant à la famille des *Chlorophyllacées* ou à celle des *Phycochromacées*, l'autre à la famille des *Ascomycètes*.

Voilà deux êtres bien fortunés, et les combinaisons de la chimie ne produisent rien de plus merveilleux! Ils se ressemblent comme la nuit et le jour; mais cela ne fait rien; ils s'associent, vivent l'un de l'autre et les voilà qui, selon qu'ils auront choisi pour théâtre de leurs ébats une pierre, un arbre ou la terre nue, se livreront à une série de transformations tellement extraordinaires que tantôt ils seront un point imperceptible, tantôt ils s'étendront en larges expansions foliacées, tantôt ils se balanceront au gré des vents comme des fils de la Vierge.

Vit-on jamais pareil phénomène ! Connaît-on quelque
chose d'analogue dans le monde végétal. Jamais la vigne
mariée à l'ormeau n'est parvenue à un semblable résultat.
Le gui qui couvre les vieux pommiers n'a jamais connu
de tels avatars. Il n'y a pas dans toute la nature, un
seul exemple de cette union de deux êtres si dissembla-
bles se fondant l'un dans l'autre pour produire un troi-
sième être plus différent encore des deux premiers et se
reproduisant, non par leur propre génération, mais par
de nouvelles fusions de leurs monstrueux parents.

Il faudrait pourtant creuser cette idée. Si c'est un parasitisme d'un Champignon sur un Algue, ce n'est pas un
être double, c'est un Champignon parasite. Mais alors les
graines qui en proviennent sont des graines de Champignon qui ne pourront germer que sur les Algues destinées
à lui servir de support et de nourriture. Or dans les lieux
et sur les surfaces polies où il n'y a pas trace d'Algues,
on voit cependant naître et se développer indéfiniment
de nombreuses espèces de Lichens. J'ai indiqué ces cas
spéciaux dans mon travail sur les *Substratums*, pages 13
et 42, à propos des Lichens vitricoles. C'est là le terrain
où j'attends avec confiance les Schwendenériens. Ils ne
répondront pas à ces objections. Du reste on verra plus
loin, dans la traduction de l'article de M. Nylander, que
ce grand maître de la lichénologie moderne a démontré,
par d'autres raisons fort nombreuses et non moins iné-
branlables, l'absence complète d'Algues et de Champignons dans les tissus des Lichens.

Il semblait donc que, dès le principe, la théorie de
Schwendener dût être considérée comme une plaisanterie, un non sens enfantin, un paradoxe sans portée qui
devait bientôt disparaître dans l'oubli. Pas du tout. Le
ballon d'essai fut pris au sérieux et la fable allemande fut
importée en France où, malheureusement, elle s'est im-
plantée comme en pays conquis.

V

En effet, en 1873, M. Bornet, dans ses « Recherches
sur les gonidies des Lichens, » expliqua longuement les
raisons qui lui faisaient partager les idées de Schwendener et soutint que la connexion entre les hyphes et les
gonidies était de telle nature qu'elle excluait toute possi-
bilité d'une production d'un de ces deux organes par
l'autre ; que, par conséquent, la théorie du parasitisme
pouvait seule l'expliquer d'une manière suffisante.

Mais les expériences de M. Bornet ne sont pas toujours
exactes, notamment en ce qui concerne l'*Ephebe pubescens*. Ainsi, il dit dans son *Commentaire*, p. 5 : « La
partie centrale ou médullaire manque dans les très jeunes
rameaux. Dans les rameaux plus âgés, on la trouve com-
posée de cellules incolores, de consistance gélatineuse,
irrégulières, très petites et mal définies au centre. » De
même, p. 14, il dit à peu près la même chose en latin :
« *Cellulis centralibus gelatinosis, minoribus confusis.* » Il
est étonnant que M. Bornet ait ainsi décrit l'anatomie de
l'*Ephebe pubescens*, quand, au contraire, on y trouve des
cellules parfaitement distinctes, arrondies vers la partie
superficielle du thalle et allongées dans la partie centrale,
avec des grains gonimiques connés ou divisés en deux ou
en quatre et contenus dans des cellules plus grosses (¹).
C'est à se demander, comme l'a déjà dit M. Crombie (²),
si M. Bornet, quand il enregistrait de semblables observations, avait bien sous les yeux un véritable *Ephebe pubescens*.

(¹) Voir Nyl. *Synop.*, p. 90, et *Flora*, 1861, p. 132 et 1883, p. 537,
note 1.

(²) *Observ. on the genus Ephebe*, by the Rev. Crombie, in Gre-
villea, 1860.

Peut-être aussi avait-il mis sous son microscope un fragment de tige d'*Ephebe*, et ce qu'il avait vu ainsi, par faible transparence d'un corps trop épais, ne lui avait, sans doute, fourni qu'une image confuse. Ce n'est point ainsi qu'a procédé M. Nylander, et l'excellente figure qu'il donne de l'anatomie de l'*Ephebe* (*Syn.*, pl. II, fig. 17) a été obtenue à l'aide d'une tranche mince taillée dans ce gros bâton dont M. Bornet n'aura vu que la surface.

M. Bornet, voulant prouver le parasitisme des hyphes sur les gonidies, avait semé des spores de ce Lichen vulgaire que nous avons indiqué plus haut, le *Physcia parietina*, sur une couche de *Protococcus*. Il aurait vu, alors, les filaments sortis des spores s'emparer peu à peu des *Protococcus*, les envelopper et s'en nourrir !

O l'étrange merveille ! Voilà un Lichen qui, comme je viens de le faire remarquer, peut se fixer et vivre sur les corps les plus disparates, jusque sur les os, le verre et le fer. Pourquoi donc ne vivrait-il pas aussi bien sur une couche de *Protococcus?* Et s'il prospère sur un corps lisse et dur comme, par exemple, des débris de vitre, où il n'y a pas la moindre trace de *Protococcus*, est-ce que le *Protococcus* est nécessaire à son existence ?

Du reste, si les *Protococcus* sont des Algues, les gonidies ne sont pas des *Protococcus ;* ou, si l'on veut, les *Protococcus* ne sont pas des gonidies errantes, puisque celles-ci, nées dans le tissu même du Lichen, sont des organes lichéniques et non des plantes autonomes.

L'inanité de ces expériences de laboratoire est manifeste. En somme, c'est toujours le même procédé. On veut absolument que l'hyphe-Champignon, sortie de la spore, englobe une Algue et s'en nourrisse. Ce n'est pas un fait qu'on a observé ; c'est un théorème inventé en dehors de l'expérience et il faut, bon gré mal gré, que l'expérience en fournisse la preuve. C'est un cercle vi-

cieux et on n'en sortira pas ; car, encore une fois, qu'est-
ce qui me prouve que votre spore s'est servi de ces éléments mis à sa portée, quand il est surabondamment démontré qu'elle peut germer en leur absence ?

C'est dans cette voie que M. Bonnier est allé plus loin
que tous les autres (¹). On avait, jusqu'alors, fait germer
des spores de Lichens sur des Algues ou des plantes analogues, pour prouver un *convivium*, une *symbiose*, une
association, ou plutôt un mariage, véritable entre l'hyphe-
Champignon et l'Algue. M. Bonnier a découvert une association bien plus singulière encore, c'est celle de la spore
avec des *protoplasma*, (disons *protonema*), de Mousses,
puisqu'il paraît qu'il y avait une faute typographique dans
la communication imprimée au *Bulletin de la Société botanique de France*. On ne sait vraiment comment s'y
prendre pour discuter sérieusement une pareille asser-
tion. *Risum teneatis, amici !* O lecteur bénévole qui vous
faites une si haute idée de la science, surtout si vous n'en
avez pas sondé les secrètes arcanes, vous figurez-vous un
Champignon épousant une Mousse pour donner naissance à un Lichen ! Et cela a été imprimé ! Il est vrai que
le papier souffre tout.

Un autre cas d'erreur ou plutôt d'invention gratuite, due à
l'inexpérience en matière de lichénologie et aussi au désir
de faire du nouveau, est celui de M. Karsten qui a publié,
en 1860, un mémoire sur *la Vie sexuelle des plantes et la
Parthénogenésie* (²). L'auteur avait choisi pour ses expériences sur les Lichens, une espèce appartenant au genre
exotique *Cœnogonium* dont le thalle est filamenteux et
d'apparence confervoïde. Il y a trouvé d'étranges choses,

(¹) Voir mon travail sur les *Substratums* et mon article sur la
synthèse bryo-lichénique

(²) *Das Geschlechtsleben der Pflanzen und die Parthenogenesis*,
1860.

notamment des archégones, comme chez les cryptogames vasculaires, les Fougères, par exemple. Ces archégones étaient tout simplement de jeunes ramifications thallines (¹).

Lui non plus ne semblait pas s'être placé sur un terrain qui lui fut bien familier, et les échantillons conservés depuis longtemps en herbier qui ont servi à ses expériences ne devaient guère l'aider à trouver le secret de la fécondation des Lichens.

Lindemann, dans le *Bulletin de la Société des sciences de Moscou*, en 1864, croyait aussi avoir trouvé des anthéridies de Lichens ; et la *Revue bibliographique* de la Société botanique de France, de cette époque, semblait prendre cette découverte au sérieux. Les anthéridies des Lichens, on ne s'en serait jamais douté, ce sont ces filaments dressés contre les thèques (²) dans les apothécies et qui, jusqu'à présent, s'appellent encore, malgré Lindemann, les paraphyses! Selon cet auteur fantastique, elles renferment, à la maturité, des anthérozoïdes en forme de têtards. Il en a donné des figures, vraiment! Toutes les découvertes de ce genre sont accompagnées de figures. Comment ne pas y croire quand cela est si bien représenté! Comment pourrait-on supposer qu'un savant, ou du moins un homme qui passe pour tel, n'a pas vu ce qu'il prétend avoir vu. Il y a en sa faveur une telle présomption d'exactitude et de véracité qu'on le croit volontiers sur parole, et que d'autre savants, qui n'ont pas la même spécialité, acceptent ses découvertes sans contrôle, comme le dernier mot de la science du jour. On le suit comme on suit la mode, comme on se précipite sur

---

(¹) Voir Nylander, *Observ. sur le genre Cœnogonium*, p. 85, 1862.

(²) Voir mon *Étude sur les Substratums*, p. 6, ou se trouve l'analyse des différents éléments dont se compose l'apothécie, c'est-à-dire le fruit des Lichens.

le premier roman venu, pourvu qu'il porte la mention
« vient de paraître. » Il y a tant de gens qui *croient que
c'est arrivé* et qui ne veulent pas en démordre, quand
même on leur démontre qu'ils ont été le jouet d'une pi-
toyable mystification. On serait bien bon de se gêner et
de ne pas recruter ces disciples si commodes, surtout
quand il y a tant de gloire et de profit à faire de la science
nouvelle.

Cependant Krempelhuber (¹) disait à propos des inventions de Lindemann : « On s'étonne qu'une Société scientifique ait pu insérer dans son recueil un pareil écrit qui
est au-dessous de toute critique. »

M. Treub (²) a, lui aussi, voulu faire germer des spores
de *Physcia parietina*, de *Lecanora subfusca* et de *Rama-
lina calicaris* au milieu de cellules vertes de *Cystococcus*.
Il est arrivé au même résultat que les autres : les hyphes
enveloppaient ces cellules, et il y voyait la confirmation
du Schwendenérisme !

M. Stahl (³) a répété et amplifié ces expériences et même
a découvert chez les hyphes un organe de préhension,
déjà entrevu par M. Bornet, un crochet algophile, des-
tiné à saisir les Algues récalcitrantes, il en a donné même
de nombreuses figures. Il faut reconnaître, toutefois, qu'à
l'exception de M. Bonnier, le *Stahlisme* ne paraît pas
avoir fait beaucoup de prosélytes en France, bien que
M. Rees (⁴) ait dit que les découvertes de son compatriote faisaient tomber les derniers arguments qui pouvaient s'élever contre le Schwendenérisme.

<hr>

(¹) Krempelhuber, *Geschichte*, 1, p. 395.

(²) Treub, *Lichen-cultur, in Botanische Zeitung*, 1873.

(³) Stahl, *Beitræge zur Entwickelungsgeschichte der Flechten;* deux
brochures imprimées à Leipzig en 1877.

(⁴) Rees, *Die Natur der Flechten.* Berlin, 1879.

M. Stahl a été acclamé en Allemagne pour ses belles découvertes. Il a été nommé professeur de botanique pour ses *carpogones* et ses *trichogynes* qui n'ont jamais existé que dans son imagination et dans les planches de ses deux brochures.

Dans l'une, il figure ces nouveaux mythes; et, dans l'autre, il fait l'histoire de la création d'un Lichen (*Endocarpon pusillum*) au moyen de sa synthèse, à lui, reproduite par M. Bonnier dans le journal *la Nature* (1er semestre de 1878, p. 65). C'est cette synthèse que j'ai critiquée dans mon travail sur *les Substratums* (pages 5 et suiv.). M. Bonnier a répondu par une note insérée dans le journal *le Naturaliste*, du 15 sept. 1883, en disant qu'il avait analysé les travaux de M. Stahl « sans y mettre une seule observation qui lui fut personnelle. » Il ajoutait, en faisant allusion à mon article sur sa synthèse Bryo-Lichénique, paru précédemment dans *le Naturaliste*, que je ferais prudemment d'attendre « qu'il eut publié, dans un mémoire, le résultat obtenu, avant d'y répondre. » Si j'avais attendu, j'aurais eu un doute, et le doute peut-il exister au sujet de ces prétendues découvertes qui révoltent tout à la fois et la nature et le bon sens. Les *carpogones* de M. Stahl seraient, d'après celui-ci, des filaments contournés formant les apothécies; les *trichogynes*, des filaments analogues formant les spermogonies, et la fécondation s'opérerait par les deux, au moyen de spermaties. M. Van Tieghem (¹) repousse ces inventions de *carpogones* et de *trichogynes*. Il paraît, même, qu'à l'époque où parut la brochure de M. Stahl, la Société botanique de France lui fit un accueil qui n'aurait point dû encourager M. Bonnier à se faire le défenseur de pareilles doctrines.

Mais ces semis fantaisistes de spores de Lichens sur des

______
(¹) Voir ci-dessous, p. 23.

lits d'Algue étaient une impasse sans issue surtout entre des mains plus ou moins étrangères à la lichénologie. M. Nylander — que M. Cooke, l'éminent mycologue anglais ([1]) appelle « the *facile princeps* of lichenologists » - a voulu reprendre ces expériences, pour tâcher de découvrir ce qui avait pu donner lieu aux suppositions et aux inventions que je viens de signaler. Déjà l'illustre Tulasne, qui a étudié les Lichens avec un soin si scrupuleux et, plus tard, de Bary, en 1866, avaient essayé de semer des grosses spores de *Lecanora parella* et avaient cru voir des filaments sortant, en grand nombre, de l'endospore. Tulasne a figuré ces filaments (pl. XVI, fig. 12, 16, 17 de son Mémoire). Eh bien ! M. Nylander (*Flora*, 1868, pages 355-357) a démontré par la culture de grosses spores de *Varicellaria microsticta* que ces prétendus filaments germes étaient, tout simplement, des hyphes mycélines de deux Champignons ! un *Penicillium* et un *Helminthosporium*, qui n'ont pas tardé à se développer et à fructifier.

Il résulte de tout ceci que des physiologistes éminents comme Tulasne et de Bary ont pu commettre des erreurs considérables, prendre des moisissures pour des germes de Lichens; et si un lichénologue de profession comme le Dr Nylander, qui est en même temps un savant anatomiste, n'était pas venu contrôler leurs découvertes, beaucoup de gens les auraient acceptées comme des faits accomplis.

VI

Toutes ces hypothèses, aussi inadmissibles les unes que les autres, ont été tour à tour reprises ou rejetées par les physiologistes plus ou moins étrangers à l'étude des Li-

([1]) Cooke, *on the Dual Lichen-Hypothesis*, in the journal of the Quekett microscopical club, March, 1879.

chens. Le Schwendenérisme lui-même, qui pourtant n'est pas difficile, ne paraît pas s'en être beaucoup préoccupé. C'est que ce n'était pas tout à fait la veine qu'il avait si audacieusement exploitée. Le Schwendenérisme ne consiste pas dans des carpogones, des trichogynes, des parthénogenèses. Ce n'est pas une aventure plaisante du baron de Munchausen, ni une gaie plaisanterie de M. Cryptogame sous le spirituel crayon de Topffer. C'est bien pire que cela : c'est l'union incestueuse d'une Algue et d'un Champignon :

Si tamen admissum sinit hoc Natura videri (¹) !

Et pourtant, dans le traité de botanique de M. Van Tieghem (²) la synthèse des Lichens est officiellement enseignée et l'auteur n'hésite pas à dire : « Il n'y a plus à y revenir. »

C'est comme le dernier jugement de M. Errera : « La cause est entendue (³). »

Nous y revenons cependant et nous ne cesserons de répéter que le Schwendenérisme est une fable insensée, impossible. Ceux qui parlent ainsi des Lichens, ne les connaissent pas. Quelle que soit la haute valeur scientifique de M. Van Tieghem à tous les points de vue possibles, il y en a un où il n'est pas suffisamment compétent. Il est impossible qu'il connaisse les Lichens ; s'il les connaissait, il n'en parlerait pas ainsi. Il a dû accepter des expériences de seconde main. L'homme ne peut pas embrasser l'universalité de la science. On ne peut pas être un spécialiste en toutes choses, et très certainement

---

(¹) Ovide, *Métam.*, l. X, § 7.

(²) Van Tieghem, *Traité de botanique*, 1 vol. gr. in-8°, Paris, Savy, 1883.

(³) Voir mon article, *le Procès des lichénologues*, p. 3.

l'étude des Lichens n'est pas la spécialité des auteurs qui introduisent dans leurs traités généraux des théories aussi fantaisistes que le Schwendenérisme. Sous prétexte que c'est le dernier mot de la science, on n'y regarde pas d'assez près, on accepte sans contrôle suffisant ; et quand cela s'est glissé dans un livre sérieux et vraiment savant, il est bien difficile de dire qu'on s'est trop hâté et qu'on a sanctionné une erreur énorme.

M. Van Tieghem a, du reste, commis une autre erreur que je me permettrai de lui signaler.

Dans le *Bulletin de la Société botanique de France* (1884, p. 226 et suiv.), il décrit deux espèces de « *Monascus, genre nouveau de l'ordre des Ascomycètes.* » — « Parvenu à l'état de maturité, le *périthèce* d'une de ces espèces, dit-il, se compose donc d'un seul *asque* à membrane épaisse, rouge-brun, marquée sur sa face externe de saillies et de stries réticulées. »

Les termes « périthèce » et « asque » s'appliquent évidemment à un *peridium*, à une fructification du type péridiocarpe. Par *périthèce*, l'auteur veut, sans doute, désigner le type de fructification qui s'appelle *pyrenium ;* le mot *perithecium* ayant été employé, dès le commencement de ce siècle, par Acharius, dans un sens tout différent qui doit lui être maintenu. Des « asques » (nous, nous disons des thèques) « à membrane épaisse, rouge, marquée de saillies, etc., » cela n'existe nulle part. Il y a là une confusion évidente de termes non équivalents ; il s'agit d'un peridium. « Un périthèce qui *se compose* d'un seul asque, » cela n'est pas clair, car il semblerait en résulter que, pour l'auteur, « périthèce » est synonyme « d'asque ; » mais il a peut-être voulu dire que son périthèce ne renfermait qu'un seul asque ? Dans tous les cas, le nom générique *Monascus*, donné par M. Van Tieghem aux deux espèces décrites par lui, ne peut pas être conservé, puisqu'il voudrait dire, d'après l'auteur lui-même : conceptacle à une seule thèque. Cela n'existe pas.

Il ne faut pas désespérer, cependant, du bon sens français ni de la science des professeurs éminents de notre Université. Il est impossible qu'il ne se produise pas une réaction contre ce courant de Schwendenérisme qui a si malencontreusement fait irruption chez nous. On reconnaîtra tôt ou tard que les lichénologues avaient raison de lutter contre cette idée extravagante et que M. Nylander, en défendant l'autonomie des Lichens, est d'accord tout à la fois avec la nature et avec la raison.

C'est, en effet dans les longs travaux et les innombrables expériences de M. Nylander que nous trouverons la meilleure preuve de l'erreur qu'a commise M. Van Tieghem en faisant des Lichens une famille de l'ordre des *Ascomycètes*, dans la classe des Champignons.

Voici du reste ce que dit, à ce sujet, M. Van Tieghem : 1° p. 1084. — « Le Champignon ne peut pas vivre sans l'Algue ; l'Algue, au contraire, végète très bien sans le Champignon. Pour être réciproque, le bénéfice tiré de l'association par chacun des deux êtres n'est donc pas équivalent ; la vie en commun est nécessaire pour le Champignon, facultative pour l'Algue. »

2° p. 1088. — « Diversement associés..... le thalle du Champignon et celui de l'Algue s'établissent sur de nombreux points en contact intime. Au voisinage des cellules de l'Algue, les filaments du Champignon poussent, en effet, des rameaux qui appliquent simplement leur sommet dilaté sur la cellule verte ou qui rampent à sa surface, en se ramifiant de manière à l'envelopper partiellement ou même à l'emprisonner dans une assise complète de pseudo-parenchyme..... S'il y a pénétration, la cellule perforée de l'Algue se gonfle, s'entoure d'une membrane épaisse, se décolore et enfin se vide complètement et meurt. Ici, il y a un vrai parasitisme qui, pour ne s'exercer que sur certaines cellules, n'en est pas moins nuisible à l'Algue. »

3° p. 1089. — « Dans cet échange, le bénéfice est assurément plus grand pour le Champignon que pour l'Algue. L'union lichénique est donc bien une association à bénéfice réciproque, un *ménage*, un consortium. »

C'est bien là, en effet, tout le Schwendenérisme devenu français et qui, malheureusement, reçoit ainsi chez nous ses lettres de grande naturalisation. Toutes ces histoires d'association, de convivium, de consortium, d'Algues appréhendées et enveloppées par des hyphes de Champignon pour former un être double, une monstruosité inouïe dans la nature, c'était bien là ce qu'avaient rêvé, après Schwendener, les Bornet, les Treub, les Stahl, etc. et, en dernier lieu, M. Bonnier qui étend jusqu'aux Mousses le *ménage* polygame d'un Champignon sans préjugés !

Et c'est là la science officielle ! c'est-à-dire le *corpus juris* qui sera appris par ceux qui n'ont ni le loisir ni les moyens de remonter aux sources de la question et de vérifier par eux-mêmes les faits et les théories qu'on leur enseigne. Puis d'autres livres de physiologie générale emprunteront à celui-ci ses dogmes si fermement établis. Comment croire, en effet, que sur une question capitale comme celle-ci, un grand et beau livre puisse commettre une erreur aussi considérable; et peu à peu l'erreur, entourée de tant de garanties sérieuses, sera prise pour un fait acquis. Toute l'école s'inclinera; et ceux qui oseront relever la tête ne seront que des mal-appris auxquels les grands corps scientifiques eux-mêmes seront incapables de rendre justice, par cette raison bien simple qu'ils ne peuvent juger ce qu'ils ne connaissent pas.

VII

On ne saurait trop le répéter, en effet, les questions de
lichénologie ne sont connues en Europe que d'un nombre
d'hommes extrêmement restreint et il n'est pas téméraire
d'affirmer que celui qui les connaît le mieux est l'illustre
Dr Nylander. Beaucoup d'autres ont étudié les Lichens ;
j'en ai moi-même examiné au microscope des quan-
tités considérables et, malgré les millions de gonidies qui
ont passé sous mes yeux, je n'ai jamais aperçu l'ombre
d'un hyphe enveloppante, je n'ai jamais rien vu qui pût
faire soupçonner ce rôle actif, cette sorte de chasse à
l'Algue de la part des hyphes des Lichens. Il n'y a rien,
absolument rien qui puisse servir de prétexte et d'excuse
à l'invention de cette étrange faculté gratuitement prêtée
aux lichénohyphes ; rien, par conséquent, qui permette
de leur trouver la moindre analogie avec les hyphes de
Champignons. Le Schwendenérisme ne repose que sur le
néant ; les faits inventés par lui n'existent pas, ne peuvent
pas exister, et ceux qui les affirment ont cru voir ceci ou
cela, ont pu prendre une chose pour une autre, mais
n'ont pas vu ce qui est enseigné dans le livre de M. Van
Tieghem, car il n'y a là rien de tangible ni de réel. Mais à
quoi bon parler de ma propre expérience quand la vérité
lumineuse et si facile à vérifier est exposée avec tant de
force et d'autorité par un savant spécialiste aussi compétent que le Dr Nylander. Si l'on ne nous croit pas, nous
n'avons pas à nous en plaindre, mais comment résister à
ce bon sens si simple, à cette argumentation si serrée et
si limpide du Maître, quant à son tour, répondant par
avance à M. Van Tieghem, il dit dans cette langue latine
qu'il manie si bien ([1]) :

([1]) *Nyl. in Flora*, 1883, p. 535.

— 28 —

« Les Lichens se distinguent des autres plantes par
leurs caractères propres et tout à fait spéciaux, ce qui leur
donne le rang d'une classe particulière fort remarquable
et pleine de noblesse. Ces caractères sont, tout à la fois, ex-
térieurs ou anatomiques et physiologiques ou biologiques.
Déjà leur mode de vie extrêmement lent et intermittent,
leur pérennité qui se continue à travers les siècles, suffi-
raient à les séparer complètement de toutes les autres
classes de végétaux, car ils n'offrent rien qui puisse être
comparé à celles-ci. C'est ce qu'on remarque surtout chez
les Lichens supérieurs et gonidiques, et même chez certaines espèces crustacées, mais d'une structure très ferme,
et qui ont une existence extrêmement longue, indéfinie
même ; si bien qu'il pourrait se faire que des individus,
dont les expansions recouvrent les rochers les plus ardus
des montagnes, existassent depuis plusieurs milliers d'an-
nées (¹). Aussi les Lichens sont-ils dignes de la plus
grande considération puisqu'ils sont, pour ainsi dire, les
patriarches du monde végétal. Et pourtant, on trouve que
leur constitution est des plus délicates. Des sites bien
exposés et bien éclairés, les caresses du vent le plus pur,
telles sont les conditions indispensables à leur existence.
Si ces éléments de vie et d'habitat viennent à leur faire
défaut, ils souffrent, se décolorent, se déforment ou disparaissent. Si on les change de place, ils meurent.

« Y a-t-il quelque chose de plus insensé et qui mérite
moins la discussion que cette fable puérile qui fait d'une
spore de Lichen un Champignon ? Est-il besoin de faire

(¹) « Il faut remarquer qu'on ne trouve des Lichens morts que
lorsqu'ils ont été détruits par une cause mécanique ou chimique. On
rencontre souvent dans la nature de grandes espèces extrêmement
âgées et qui pourtant paraissent bien vivantes, très vigoureuses et
sans aucun indice de décrépitude. Ni l'âge, ni la décomposition, ni la
mort n'ont de prise sur elles. »

remarquer que cette spore, par sa nature même, diffère déjà absolument des Champignons. Sa fermeté est telle que je ne sache pas qu'on l'ait jamais vue dans la nature périr par la dessication. Au contraire, dans les lieux les plus arides, sur la roche nue, sur le verre même, elle adhère, à l'état humide, au moyen de la *lichénine* (¹), puis elle germe et produit l'évolution normale d'un Lichen, par les temps les plus secs comme par les plus humides. Dans un pareil mode de végétation, il n'y a rien qui ressemble à un Champignon ni à un parasitisme quelconque. Les habitudes vitales et biologiques des Lichens sont absolument différentes de celles des Champignons.

« D'après la même fable, les premiers filaments du Lichen naissant consisteraient en hyphes qui seraient à la recherche des « Algues » pour les saisir et les envelopper ensuite ! Mais, à aucun point de vue, les choses ne se passent ni ne peuvent se passer ainsi, car les lichénohyphes sont incapables de rien envelopper, puisqu'elles sont rigides, jamais flexueuses ni contournées, ni enveloppantes de quelque manière que ce soit. Il est du reste extrêmement facile de démontrer que les lichénohyphes ne s'occupent nullement de ces investigations algologiques ou autres. En effet, *les premiers glomérules thallins, dont les cellules subcorticales donnent naissance aux gonidies, s'observent* AU CENTRE DU PROTHALLE ou de l'hypothalle, c'est-à-dire dans la partie qui a été formée la première et non sur le pourtour de l'hypothalle qui constitue la partie divergente et la plus jeune. Donc, les hyphes ne sont douées d'aucun pouvoir investigateur; la fixation du thalle

---

(¹) La *Lichénine* est une substance adhésive qui se trouve répandue dans toutes les parties des Lichens et qui est une sorte de colle amylacée. Les lichénohyphes en sont constituées en très grande partie.

qui leur est superposé paraît être le seul souci du prothalle ou de l'hypothalle.

« Les Champignons étant généralement pourvus d'une
texture molle et d'éléments filamenteux flexibles, enve-
loppants, *enveloppent*, en effet, rapidement les différents
corps qui les avoisinent. Mais cela est tout à fait contraire
à la nature des Lichens et ne se rencontre jamais chez
eux. Déjà dans le *Flora*, 1879, pp. 206 et 304, j'ai démontré que les contorsions « carpogoniques » et « trichogy-
niques, » attribuées aux Lichens par M. Stahl, n'étaient
qu'une pure fiction de la part de leur auteur, et quand il
a fait cela, que doit-on penser de ses autres inventions
dues aux mêmes procédés fictifs ? Les lichénohyphes ont
horreur de toute contorsion quelle qu'elle soit. Toujours
nous les voyons droites ou à peu peu près et absolument
dépourvues de toute courbure enveloppante. Ce qui con-
vient aux hyphes des Champignons à cause de leur état
biologique si différent, et ce qui leur est même indispen-
sable, ne concerne nullement les lichénohyphes. Les
Champignons qui possèdent un mycelium hyphoïde grêle
peuvent bien avoir besoin des contorsions réitérées des
hyphes pour former le noyau celluleux de leur conceptacle (Cfr. Osw. Kihlman, *Entwickel. der Ascomyceten*,
1883); mais chez les Lichens on ne trouve rien de semblable.

« On rencontre souvent des Lichens qui végètent sur
d'autres Lichens ; pourtant leurs éléments ne sont point
mêlés. Ils sont juxtaposés très étroitement l'un à l'autre,
mais ne semblent point se nuire d'une manière sensible.
Combien la situation est différente lorsque c'est un Champignon minuscule qui s'attache aux Lichens ! Dès que les
hyphes toruloïdes (Moriolines) envahissent les apothécies,
aussitôt l'hyménium tout entier est pénétré et désorga-
nisé, ce qui montre qu'il y a là un parasite se nourrissant
de la substance même du Lichen. Si ce nouvel hôte, au

contraire, est un Lichen, aucun trouble ne résulte de cette cohabitation. C'est seulement dans les espèces ou dans les genres les plus infimes que la classe des Lichens, par suite de différentes raisons biologiques, paraît se rapprocher de la classe des Champignons. »

Ces observations et ces déductions si remarquables n'ont pas encore été réfutées et elles ne le seront pas, car elles reposent sur des faits indéniables et faciles à vérifier.

Comme je l'ai déjà dit ailleurs (¹), après le Dr Nylander, et d'après mes propres observations sur des débris de verre datant de 1774, c'est en examinant de jeunes thalles naissants qu'on se convainc le mieux de l'inanité du Schwendenérisme. Les échantillons que je possède peuvent se placer tels quels, et sans aucune préparation, sous l'objectif du microscope. Ce sont des témoins muets et pourtant bien éloquents, car ils nous apprennent le grand mystère ! Examinez, en effet, ces filaments transparents du *Lecidea albo-atra*. Ils s'étalent sur le verre, en forme de rosette ; ils contiennent des cellules allongées, étroites; ils sont droits, rigides, nullement munis de crochets, comme le voudrait M. Stahl. Ils ne contiennent pas la plus petite gonidie, leurs cellules sont trop étroites pour cela. Autour d'eux, cherchez bien sur ce verre antique exposé à l'air libre depuis plus d'un siècle. Voyez-vous des gonidies errantes ? Non ; c'est que peut-être le Champignon, le terrible Champignon ! les a toutes dévorées ? Mais alors, le traître les a donc bien dissimulées, puisqu'on n'en trouve pas la moindre trace, soit en dedans soit en dehors de lui? Comment donc ce Champignon, (c'est-à-dire ces filaments que nous voyons là, là, sous nos propres yeux), a-t-il fait pour vivre seul, sans sa compagne « l'Algue » qui lui sert tout à la fois d'associé et de nourriture? Ah ! « l'Algue » a, sans doute, voulu jouer un

____

(¹) *Étude sur les Substratums.* p. 42.

mauvais tour au Schwendenérisme car, au lieu de folâtrer à la portée de ces hyphes, soit disant crochues — qui hélas ! sont ici allongées et collées intimement au verre, — elles sont allées se blottir hors de l'atteinte de leurs perfides hameçons, juste au beau milieu de la rosette dont elles sont encore séparées par une couche cellulaire. Plantées sur le dos de l'ennemi, elles défient les tentacules impuissantes qui s'allongent en rampant loin d'elles.

M. Bonnier et M. Van Tieghem ont-ils vu cela dans leurs expériences de laboratoire ? C'est pourtant bien simple. S'ils n'ont pas à leur disposition des débris de verre ensemencés naturellement, il leur sera facile de trouver des quartz polis ou des cassures nettes de rognons de silex portant de jeunes thalles naissants. Je fais appel à leur science et à leur bonne foi. Qu'ils examinent ces échantillons avec soin, ils y verront ce que je viens d'indiquer, c'est-à-dire la démonstration la plus éclatante de leur erreur.

Ainsi donc, si la théorie algophile était vraie, c'est-à-dire si les hyphes allaient chercher les « Algues » errantes qui pourraient se trouver à leur portée, ces « Algues, qui doivent constituer plus tard les gonidies, s'amasseraient aux extrémités des ramifications de l'hypothalle et formeraient là ces premiers glomérules thallins qu'on observe, au contraire, au centre de la rosette. Il y a donc une erreur manifeste dans les observations des Schwendenériens. Ils n'ont pas vu ce qui existe en réalité et ce qu'ils auraient pu voir sur le premier caillou venu, s'ils avaient voulu sortir de leur laboratoire.

VIII

Mais l'hyphe est-elle un Champignon et la gonidie est-elle une Algue ?

Nous venons de voir par l'article du Dr Nylander, dont j'ai donné ci-dessus la traduction, combien étaient considérables les différences qui caractérisaient les hyphes de Lichen et les hyphes de Champignon. Voyons maintenant les différences qui séparent les Algues des gonidies. Et ici encore, je ne puis mieux faire que de traduire ces pages latines du Dr Nylander, burinées dans ce style si souple et si nerveux que je m'efforce, en vain, de faire passer dans notre langue.

OBSERVATIONS

SUR LES

GONIDIES & LEURS DIVERSES FORMES

(Nyl., *in Flora*, 1877, p. 353.)

I. — Des gonidies dans leurs rapports avec les parties voisines du thalle.

« Les relations entre les gonidies et les éléments thallins internes qui les environnent sont de diverses sortes, selon que les thalles eux-mêmes sont : 1° ou bien entourés, et comme enveloppés dans une couche corticale continue ; 2° ou bien non enveloppés, ce qui a lieu lorsque la couche corticale fait défaut, comme dans les thalles pulvérulents par exemple.

« Dans le premier cas, c'est-à-dire, dans les thalles cortiqués, les gonidies occupent, ordinairement, une couche particulière, mince, située à la partie inférieure de la couche corticale et au-dessus de la couche médullaire ; et là, disposées librement entre les ramifications des myélohyphes, elles ne peuvent se multiplier que par une lente division. Au contraire, dans le second cas, c'est-à-dire dans les thalles décortiqués, dans les thalles lépreux ou de forme analogue, les gonidies libres existent en abondance et se propagent avec toute facilité par leurs divisions multipliées. Quant aux sorédies ([1]), elles présentent, sur les points où elles se trouvent, un état gonidial semblable à celui des thalles pulvérulents.

« Dans la partie inférieure de la couche corticale on peut observer des gonidies qui, nées et d'abord renfermées dans les cellules de cette couche, deviennent ensuite libres par l'effet de l'accroissement de celle-ci. Dans le *Flora*, 1874, p. 60, au sujet du mode de nutrition des Lichens, j'ai rappelé comment l'évolution du thalle se produisait : c'est-à-dire, des parties externes aux parties internes ; si bien que les parties extérieures sont les plus jeunes, tandis qu'au contraire, les portions intérieures ou médullaires sont plus anciennes, ce qui les fait souvent s'accroître en épaisseur (d'où le nom de thalle tartreux). Sous ce rapport, on pourrait, jusqu'à un certain point, comparer, les Lichens aux Coraux et aux Madrépores, car ils produisent une vie des plus actives dans une mince couche cortico-gonidiale et dans le voisinage immédiat de la médulle, alors que les parties intérieures ou inférieures sont comme flétries ou abandonnées, laissant voir, parfois, la couche médullaire décomposée et réduite à des fragments de filaments et, en majeure partie, à des débris de cristaux ([2]).

[1] « J'ai signalé (*Flora* 1875, p. 8) un exemple excellent de la faculté qu'ont les sorédies de produire des propagules. L'*Alectoria nidulifera* Nyl. offre, généralement, des propagules spinuliformes, dans lesquels il faut voir des thalles naissants. »

[2] « Cela se voit surtout très bien sur les thalles crustacés très épaissis. Mais les axes chondroïdes pleins ou creux des Usnées et des Cladoniées offrent une tout autre disposition. En effet, envisagés d'une manière rationnelle, ces axes correspondent à la face inférieure

« L'origine de la chlorophylle (plus exactement appe-
lée *phyllochlore,* ainsi que j'en ai fait ailleurs la remarque), est la même ici que dans les cellules des Mousses
et des Hépatiques. La principale différence qui saute aux
yeux, consiste en ce que les gonidies se présentent souvent à l'état de cellules isolées. Cependant, ainsi qu'on le
verra plus loin, il y a bon nombre de formes de gonidies
diversement agrégées. Les vraies gonidies à l'état naissant, puis jeunes ou adultes, peuvent être observées dans
la couche corticale chez certains Lichens particulièrement
favorables à ce genre de recherches. J'ai indiqué, à ce
point de vue (*Flora,* 1875, p. 303), les *Umbilicaria.* Les
Physcia lithotea ('), *endococcina, Psoroma hypnorum,* etc.

du thalle s'enroulant sur lui-même et leur rôle n'est, par opposition à la couche corticale supérieure, que celui d'une couche corticale
intérieure. »

M. Lamy de la Chapelle (*Suppl.* à son Catal., p. 6) s'exprime ainsi
sur le même sujet :

« Cet axe cartilagineux, formé de chondrohyphes longitudinales
« réunies et conglutinées en faisceau solide, n'appartient pas à la
« médulle. Ainsi que l'a fait observer M. Nylander dans le *Flora,* 1877,
« p. 353 (c'est l'article traduit ci-dessus), l'axe en question corres-
« pond à la couche corticale inférieure des thalles horizontaux ou
« foliacés, tels que dans les *Umbilicaria,* les *Endocarpon,* etc. Il n'y
« a pour un *Stereocaulon* ou un *Usnea* que la différence d'être un
« cortex *intérieur vertical* et formant un axe cylindrique, au lieu
« d'être un cortex *inférieur horizontal.* Dans ces deux genres (*Ste-*
« *reocaulon* et *Usnea*) l'axe est solide, mais non creux, tubuleux
« comme dans les Cladoniées. Les grains et squamules du revête-
« ment thallin de l'axe présentent de nombreuses variations ; quelque-
« fois ils forment une couche continue appliquée sur l'axe dont il
« s'agit et cela est même le cas presque le plus ordinaire chez les
« Cladoniées. — J'ajouterai donc, comme conclusion de ce qui pré-
« cède, qu'il ne faut pas appeler l'axe des *Stereocaulon* « axe médul-
« laire, » mais axe chondroïde, tout en reconnaissant qu'il serait peut-
« être plus juste de l'appeler *axe hypothallin,* bien qu'il soit dressé.»

(') « Cette espèce doit être séparée du *Physcia obscura,* car la
contexture de son thalle est tout à fait différente. Le *Physcia lithotea*

conviennent également bien. D'autres gonidies se rencontrent aussi un peu plus bas au-dessous de la couche corticale ; mais elles sont libres, bien qu'elles puissent adhérer aux myélohyphes par l'effet de la gélatine qui pénètre tous les éléments du thalle : elles ne sont donc point adnées aux myélohyphes, comme l'ont affirmé certains auteurs qui ont pris leurs désirs pour la réalité. L'activité biologique étant, chez les Lichens, superficielle, il en résulte que la croissance progressive de la couche corticale et son épanouissement, en même temps que la dissolution, ou mieux la résorption de sa partie inférieure amènent la libération des gonidies. Ce sont elles qui, soit enfermées dans les cellules de la couche corticale, soit groupées, soit isolées, constituent un système organique du thalle et comme le centre physiologique de celui-ci. Mais la couche gonidiale augmente peu en épaisseur ; elle s'étend en proportion de l'expansion du thalle, en présentant un double mode de multiplication des gonidies : l'un intracellulaire (ce qui est le cas le plus fréquent), l'autre, par une sorte de division, protococcoïde.

« J'ai traité de l'origine des gonimies dans le *Bulletin de la Soc. Bot. de France*, 1873, p. 264 ([1]). Voir, en outre, pour cette question, *Flora*, 1868, p. 353.

a deux variétés : 1° *sciastra* (Ach.) ; 2° *sciastrella*, Nyl., celle-là corticale, recueillie auprès d'Eichstædt par M. Arnold. Le *Physcia endococcina* est voisin du *Physcia lithotea*, mais non du *Physcia obscura*. »

([1]) Voici ce que disait M. Nylander :

« Au point de vue physiologique, on observe que ce *Nematonostoc* (ainsi qu'il est ordinaire dans les thalles analogues de Collemées) se propage par gemmules ou par petits globules thallins gélatineux, isidiomorphes. Ces gemmules consistent, d'abord, en cellules globuleuses, agonimiques, simples (mesurant environ 0,008 millim. de diamètre), qui, en croissant, deviennent oblongues et se divisent par une cloison transversale. Plus tard, un nouveau cloisonnement, venant couper le premier, leur fait prendre l'aspect quadriculaire et, progressivement, pluri-cellulaire. Mais, simultanément, on voit dans

« La connaissance exacte de la nature des gonidies a,
aujourd'hui, une plus grande importance que jamais.
Toutefois, la question des zoospores se développant dans
les gonidies ordinaires reste encore fort délicate. Je n'ai
point vu ces productions se former dans les gonidies soumises à mes recherches ([1]) et je n'en ai jamais trouvé
dans les thalles. Du reste, si la nature permettait aux
zoospores de se former dans des gonidies resserrées entre
les éléments du thalle, il est bien évident que ces cor-
puscules, faits pour le mouvement, ne pourraient ni sortir
des gonidies ni trouver un espace suffisant pour se mou-
voir. La nature, en effet, ne saurait se tromper ; elle ne
commet jamais d'actes aussi illogiques ; aussi la formation
des zoospores scrait-elle absolument dépourvue de sens,
puisque leur action physiologique serait paralysée et sans
aucun résultat utile. Cependant on ne doit pas nier que
les zoospores ne puissent naître dans des gonidies libres,
c'est-à-dire sorties du thalle. Là, peut-être, la chose est
possible et n'est point absolument contraire à la constitu-

ces gemmules, déjà très jeunes, se former des gonimies : d'abord,
une gonimie dans chaque locule gélatineux ; plus tard, deux et plusieurs, de sorte qu'on assiste au développement de syngonimies à
gonimies moniliformes (*hormogonimies*), en même temps que, de
bonne heure, la texture cellulaire interne disparaît. Telle est la première apparition des gonimies à l'intérieur des cellules, consécutive
cependant à l'apparition de celles-ci. La première gonimie formée,
d'abord subglobuleuse, s'allonge jusqu'à atteindre une longueur à peu
près double de son diamètre transversal ; elle se divise ensuite, par
une constriction, en deux ; et, de cette façon, se forment et se mul-
tiplient les gonimies, particulièrement les hormogonimies, les plus
ordinaires de toutes. La texture cellulaire à l'intérieur des gemmules
gélatineux est plus au moins distincte. »

([1]) « On voit bien, alors, se produire assez communément des infu-
soires zoosporoïdes (que j'ai vus se multiplier par fissiparité longitu-
dinale) ; mais je n'ai jamais pu observer de formations de zoospores
dans les cellules gonidiques mêmes. »

tion des Lichens. Le cas des *Chroolepus* (¹) qui ne sont guère que des Lichens le plus souvent stériles, semblerait même confirmer cette manière de voir. Il y a, en effet, de nombreux exemples, surtout dans les Lichénacées, d'espèces ne fructifiant jamais. On pourra voir dans le *Flora*, 1873, p. 22, et 1875, p. 106, des cas de fertilité de *Chroolepus* (*Arthonia chroolepida*, *Thelopsis umbratula* Nyl.).

« Il ne sera pas hors de propos de réfuter ici brièvement l'hypothèse Schwendenérienne que j'ai déjà combattue différentes fois, notamment dans le *Flora*, 1870, p. 52. J'ai fait remarquer, entre autres choses, que les gonidies, d'après cette hypothèse, seraient de singulières « Algues, » renfermées dans les thalles, au milieu des ténèbres (²), malheureuses habitantes d'une prison bien exiguë et tout à fait dépourvues d'un mode d'existence ordinaire. Or, dans la nature, aucun changement dans la manière de vivre ne se produit qu'accompagné d'une métamorphose complète.

(¹) « Chroolepus du grec *to lepos*, *lepeos*, c'est-à-dire neutre. Les articles qui produisent les zoospores pourraient être désignés par le terme très simple et fort naturel de zoogonidies. Ce mot, en algologie, a été, bien à tort, employé pour désigner les zoospores qu'on peut, en effet, comparer au contenu des gonidies, mais non aux gonidies elles-mêmes. C'est encore à tort que les articles zoosporigènes des *Chroolepus* (nos zoogonidies) sont qualifiés « sporanges » dans le langage de l'algologie, ce mot ayant déjà, ailleurs, une tout autre acception. »

(²) « M. Th. Fries (*Lich. Scand.*, p. 4) prétend que cela n'est pas vrai, « non verum. » Mais si cela n'était pas vrai, tous les thalles à l'état humide deviendraient verts, ce qui « n'est pas vrai, » car il y a fort peu de thalles qui verdissent réellement par les temps de pluie : tels sont, par exemple, les *Physcia ciliaris* et *Peltidea aphthosa*. Cela vient de ce qu'un petit nombre de Lichens seulement sont pourvus d'une couche corticale translucide. » Voir à ce sujet Nyl., *Pyr. Or.*, pages 17 et 18.

« D'autres considérations peuvent encore être formulées contre cette hypothèse qui ne peut guère être soutenue que par les novices en lichénologie, car la moindre expérience nous apprend qu'on n'observe rien de semblable dans la nature.

« 1° — Aucun Champignon ne préside à la formation des Lichens. Les premières manifestations de la végétation lichénique en fournissent la preuve. En effet, leur nature lichénique se montre non seulement dès les premiers filaments de la germination, mais encore dans la spore elle-même par l'élasticité, la pérennité de celle-ci et par la présence de la *lichénine ;* toutes choses bien différentes de ce qui a lieu pour les spores et les germinations des Champignons. Là, en effet, les hyphes sont caduques, plicatiles, à parois minces et solubles dans la potasse. Il n'y a pas trace de Champignon dans les Lichens.

« 2° — Aucune Algue, non plus, ne se rencontre ni n'intervient dans la formation des Lichens. Les gonidies des Lichens n'existent point simultanément dans l'intérieur des thalles et à l'état libre dans la nature (¹). Jamais les gonidies ne se montrent en même temps à l'intérieur et à l'extérieur des thalles. Jamais les jeunes thalles, très répandus partout et dont on peut observer l'état naissant dans ses détails les plus délicats, n'offrent rien de pareil. Or c'est précisément dans les lieux où la végétation lichénique est la plus vigoureuse et la plus abondante que les « Algues » (*Protococcus* et autres) font complètement défaut. Il n'y a pas trace d'Algue dans les Lichens.

« 3° — Quand on examine un Lichen naissant, on voit que les gonidies se produisent dans les cellules du

(¹) « Quelques *Protococcus* offrent bien une certaine ressemblance avec les gonidies, mais ils ne représentent jamais exactement aucun type gonidique. »

thalle (¹). La même chose a lieu pour les Lichens adultes.
Ils n'ont nullement besoin d'une origine étrangère pour
leurs gonidies. Et, du reste, comment celles-ci vien-
draient-elles du dehors ? A quelle attraction magique
obéiraient-elles donc, alors qu'il leur est si facile de naître
dans les thalles et que, de fait, on les voit s'y former ?

« 4º — Un grand nombre de Lichens ont une contexture entièrement celluleuse. Là, il faut bien que les gonidies ou les gonimies résident dans les cellules, car, sauf
quelques rares exceptions, ces sortes de thalles ne contiennent point de lichénohyphes.

« 5º — Dans les propagules naissants des Collémacées
nous voyons constamment les gonimies exister et se
former avant les hyphes.

« 6º — Dans les céphalodies endogènes (²) (*Solorina
crocea, Sticta*), nous voyons les stratules gonimiques se
former plus ou moins profondément dans le thalle, selon
le degré d'accroissement de celui-ci, et les gonimies ne
sont en aucune façon capables de pénétrer du dehors
dans ces sortes de cachettes thallines. Par quel moyen,
en effet, traverseraient-elles et perceraient-elles une
couche corticale si ferme (³) ?

(¹) « Dans l'ouvrage de Tulasne (*Mém. Lich.*, t. III, fig. 3), les com-
mencements du thalle sont assez bien représentés avec les premières
cellules corticales gonidigènes. Mais c'est à tort que l'auteur dit
(p. 20) : « Ces cellules (les gonidies) naissent directement des fila-
« ments de la médulle, » car ces filaments ne produisent nulle part,
directement, des gonidies. Celles-ci naissent en effet dans les cellules
parenchymateuses corticales des premiers glomérules thallins qui se
forment sur ces filaments-germes (prothallins ou hypothallins). Cfr.
Tul., *loc. cit.*, t. XI, fig. 17. »

(²) Voir à ce sujet mon article sur les céphalodies, publié dans le
journal *le Guide du Naturaliste*, Morlaix, juin 1884.

(³) M. Forssell, dans sa brochure sur les céphalodies (Stockholm,
1884) fait observer que si les *Nostoc* ne peuvent pas pénétrer par en

« 7° — Les Lichens parasites réduits à leurs seules apothécies sont fort nombreux. Ils n'ont pas d'hyphes ; et pourtant des caractères de la plus haute importance démontrent que ces apothécies appartiennent bien à des Lichens (¹).

« L'une ou l'autre de ces propositions suffit à renverser en entier le Schwendenérisme. On pourrait en ajouter bien d'autres, comme l'origine, intraconceptaculaire normale des gonidimies hyméniales chez plusieurs Pyrénocarpées. Et ainsi s'évanouit cette hypothèse déraisonnable qui n'a jamais été étayée par aucune observation sérieuse.

II. — Des différentes formes de gonidies.

« Le mot GONIDIE, dans son acception la plus large, comprend, tout à la fois, les gonidies proprement dites ou *eugonidies* et les *gonimies* ou grains gonidiaux qui diffèrent essentiellement les unes des autres. Je n'exposerai point ici ces différences sur lesquelles j'ai déjà eu occasion de revenir bien des fois. Dans le *Flora*, notamment (1866, p. 79), j'ai fait remarquer qu'elles avaient une si grande importance que les Lichens leur devaient, pour ainsi dire, leur division naturelle en deux séries presque parallèles, caractérisées, au point de vue de leur texture, l'une par les *gonidies*, l'autre par les *gonimies*. En effet,

---

haut, ils pénètrent par en bas ; mais cette pénétration serait aussi impossible par en bas que par en haut.

(¹) « Il faut remarquer, en outre, que parfois des apothécies (surtout celles qui appartiennent à la forme lécidéine) naissent sur d'autres apothécies vieilles, détruites et devenues prolifères aux dépens de l'hypothecium, la destruction des anciennes étant due à la disparition de l'hymenium, rongé par des larves d'insectes ou par des limaces. »

ces divers éléments anatomiques ont comme une sorte d'analogie biologique avec les globules du sang chez les animaux, et, de même que ceux-ci, présentent des caractères absolus. Les Collemacées offrent des types chez lesquels l'appareil gonimique est prédominant et remplit le thalle tout entier. Au contraire, les *Nephromium*, *Pannaria*, *Stictina*, etc. ne montrent le même appareil anatomique que réduit à une couche spéciale. Il est, en outre, bien digne de remarque (et c'est ce qui donne un si grand poids à un tel caractère) que ces types de Lichens gonimiques se rapprochent, par de très grandes ressemblances extérieures, d'autres types dont le thalle est pourvu de gonidies. Cette relation caractérise des genres et des espèces; de sorte que des genres et des espèces gonimiques existent parallèlement avec ceux qui présentent des gonidies. Ainsi donc, cet appareil anatomique a une telle importance qu'il peut revêtir les formes les plus diverses là où l'aspect extérieur est peu ou point modifié.

« Voici maintenant les formes principales que nous rencontrons chez les *gonidies* et les *gonimies*. Il faut y ajouter les *gonidimies* qui sont intermédiaires entre les deux.

A. — Gonidies (ou *Eugonidies*).

« 1º — *Haplogonidies* (¹). — C'est la forme protococcoïde la plus fréquente et consistant en une cellule globuleuse ou subglobuleuse, simple ou bi-tri-septée. On rencontre, toutefois, dans certaines espèces (surtout dans les Lécidées à thalle granuleux-lépreux) des gonidies gloméruleuses, résultant de l'agglomération de plusieurs autres plus petites, réunies ensemble. D'autres fois, les

---

(¹) Ce sont les *chlorogonidies* de Wallroth.

haplogonidies sont diversement connées et se rapprochent, alors, de la forme suivante.

« 2º — *Platygonidies* ou syngonidies platygonidiques. Telles sont les gonidies déprimées, adnées latéralement, de manière à former une membrane. On les rencontre dans certains thalles épiphylles. (Voir Nyl., *Lich. Andam.* p. 13.)

« 3º - *Chroolépogonidies* ou gonidies chroolépoïdes. Ce sont celles qui ressemblent plus ou moins aux *Chroolepus* et qui, dans leur état le plus simple, se confondent avec les gonidies ordinaires. Elles ont, souvent, une odeur de violette. Déjà Wallroth les distinguait sous le nom de *Chrysogonidies.*

« 4º— *Confervogonidies,* ou gonidies confervoïdes, rappelant, en quelque sorte, les Conferves. Elles constituent le principal élément du thalle des *Cœnogonium.*

B. — GONIDIMIES.

« Déjà dans le *Flora* (1866, p. 116) je les avais appelées *leptogonidies.* Mais le mot gonidimie me semble préférable, comme étant plus court et plus conforme aux autres termes. Elles sont intermédiaires entre les gonidies et les gonimies ; plus petites que les premières, leur cellule pariétale est moins distincte et, parfois, elles ont une forme oblongue. C'est à ce groupe qu'appartiennent les gonidies hyméniales. Très souvent l'on rencontre les gonidimies agrégées en glomérules syngonidimiques et alors on ne les distingue guère, à première vue, des gonimies que par leur couleur verte ([1]).

([1]) Les gonidimies ne se réunissent jamais en chapelets ; cette disposition constitue, au contraire, le caractère distinctif des gonimies. (*Note communiquée par M. le Dr Nylander.*)

C. — GONIMIES.

« Elles offrent presque constamment les mêmes caractères, soit qu'on les observe dans les thalles ou dans les
céphalodies. Leur couleur est d'un glauque bleuâtre. Il
est à remarquer qu'elles ne sont revêtues d'aucune en-
veloppe cellulaire. Tout au plus, arrive-t-on à distinguer
difficilement autour de la superficie une sorte de vésicule
extrêmement mince, qui, par l'emploi de l'ammoniaque,
se montre vide par suite de la dissolution de son contenu
phycochromatique. (Voir, à ce sujet, Nyl., *Pyr. Orient.*,
p. 48.)

« On trouve, dans ce groupe, les formes suivantes :

« 1° — *Haplogonimies*. Ce sont des gonimies plus
grandes, simples, ou bien réunies deux à deux ou en plus
grand nombre. On les rencontre surtout dans le genre
Phylliscum, éparses dans le thalle et enveloppées d'un
stratule gélatineux.

« 2° — *Sirogonimies*. Ce sont des séries de gonimies
scytonémoïdes sirosiphoïdes.

« 3°— *Hormogonimies*, nom proposé dans le *Bulletin de
la Soc. bot. de France*, 1873, p. 264. Ce sont les gonimies
les plus fréquentes. Elles sont de petite dimension et leur
disposition est moniliforme Les chapelets qu'elles forment en contiennent un plus ou moins grand nombre ([1]).
Elles sont, ainsi, connées et groupées dans des syngonimies de diverses formes souvent ellipsoïdes ou irrégulières. Dans les *Collema* (ou *Nostoc*), le thalle tout
entier a l'apparence d'une seule syngonimie. Mais le

([1]) C'est-à-dire que ces chapelets sont plus ou moins longs, le
nombre des gonimies variant, le plus souvent, entre 5 et 30.

genre *Hormosiphon* Kuetz., montre, au contraire, des
séries moniliformes typiquement vaginées, dont chacune
constitue une syngonimie cylindrique, hormogonimique ;
et comme toutes les gaînes se trouvent rapprochées, leurs
limites disparaissent par la confluence des enveloppes
gélatineuses.

« 4⁰ — *Speirogonimies*. Peut-être pourrait-on désigner
par ce mot des gonimies assez peu fréquentes qui, bien
que semblables aux hormogonimies, ne se groupent cependant pas en séries moniliformes. Les genres *Ompha-
laria* et *Synalissa* (¹) nous offrent des exemples de ces
sortes de gonimies. Leurs syngonimies sont subglobu-
leuses. »

On voit par cet exposé de la nature et des formes des
gonidies, que ces prétendues « Algues », au lieu de venir
du dehors, naissent et se développent dans l'intérieur des
cellules du thalle et que, par conséquent, leur origine est
absolument et uniquement lichénique. Ces faits, si bien
étudiés et si clairement énoncés n'ont été, que je sache,
réfutés par aucun Schwendenérien. Il serait curieux de
savoir pourquoi. Je crois vraiment qu'on ne les connaît
pas, du moins chez nous. Les articles que M. le Dʳ Nylander a écrits, *en latin*, dans le journal scientifique appelé
Flora, et qui se publie à Ratisbonne (Bavière), n'avaient
encore été traduits par personne en France ; et le latin,
chez nous, n'est pas assez en honneur pour qu'ils aient eu
beaucoup de chances d'être lus, même par les savants.

(¹) Dans le *Flora* (1876, p. 558), j'ai fait mention d'une disposition
rare, particulière au genre *Synalissa*, où l'on voit des gonimies finis-
sant par devenir réniformes et fixées chacune par le côté échancré au
sommet d'un rameau hyphique. »

C'est fâcheux. Le latin devrait être ici, comme en d'autres pays, et surtout en Allemagne, la langue courante de la science. C'est peut-être l'excuse des Schwendenériens français et peut-être de M. Errera, un Schwendenérien belge, qui croit que les lichénologues ont étudié les Lichens sans microscope et dans *la Botanique de ma fille*. Mais ce n'en est pas moins un fait peu flatteur pour notre amour-propre national que cette ignorance des ouvrages de botanique écrits en latin.

Quoi qu'il en soit, et que l'argumentation soit latine ou française, elle est irréfutable et j'attends, avec confiance, ses contradicteurs.

———

IX

Après les partisans quand même du Schwendenérisme, viennent les auteurs qui paraissent hésitants sur la question. J'ai lu cette année, avec le plus vif intérêt, un excellent travail fait par M. le Dr Henneguy, pour sa thèse d'agrégation [1], sur l'utilité et l'emploi des Lichens. Mais, dans sa préface, M. Henneguy dit, p. 32, « qu'il serait téméraire de se prononcer définitivement sur la valeur de la théorie de M. Schwendener ; » — et cependant (p. 26), il dit que « les faits observés par M. le Dr Nylander ont une valeur considérable au point de vue de la réfutation de cette théorie. »

En outre, M. Henneguy, p. 16, cite un passage de Tulasne [2] :

« Çà et là sur les filaments élémentaires qui constituent

---

[1] *Les Lichens utiles.* Paris, Doin, 1883.

[2] Tulasne, *Ann. des Sc. nat.*, 3e série, t. XVII, p. 36, 1852.

ce dernier (le prothalle) (') s'engendrent de petites cellules sessiles, sphéroïdes et incolores qui, après s'être multipliées, donnent naissance, à leur tour, à des cellules plus grandes où s'amasse de la chlorophylle. C'est ainsi que s'organisent lentement les premiers rudiments, ou plutôt la base pulvinée d'autant de nouveaux thalles. »

Tulasne avait parfaitement saisi le mode de naissance et de développement des gonidies, bien qu'il ne s'exprime peut-être pas, à ce sujet, avec toute la netteté suffisante. Non seulement l'origine des gonidies dans l'intérieur du thalle était arffirmée par cet illustre savant, mais encore elle était décrite dans des termes auxquels il n'y aurait, pour ainsi dire, rien à changer aujourd'hui.

M. Henneguy (p. 29) trouve que la théorie de M. Schwendener est *très séduisante* au premier abord. Au contraire, la première impression que cette théorie doit apporter à l'esprit ressemble plutôt à de l'étonnement et à de l'incrédulité. C'est une idée si étrange, si opposée aux voies ordinaires de la nature, qu'elle provoque plutôt la défiance que la séduction.

Enfin M. Henneguy (p. 29) croit avoir trouvé un ter-

(¹) Les termes *prothalle* et *hypothalle* sont loin d'être synonymes. *Prothalle* est une expression générique qui veut dire le thalle naissant, c'est la forme initiale qui seule existe chez la plupart des Lichens. *Hypothalle*, au contraire, n'a qu'un sens restreint et désigne cette portion du thalle primitivement issue de la spore, sous forme de filaments qui s'étalent en rosettes ou en plaques rayonnantes sur les corps où s'est produite la germination. L'hypothalle n'est qu'un développement particulier prothalle. Ses premiers filaments sont destinés à servir d'assiette aux jeunes glomérules thallins, c'est-à-dire au thalle proprement dit. L'hypothalle n'est visible que dans un petit nombre d'espèces crustacées. Dans la plupart des cas, il est vite couvert par les glomérules thallins qui se rejoignent et le cachent plus ou moins complètement.

rain de conciliation dans une observation peu importante
de M. de Seynes, relative à des connexions parasitiques
et accidentelles d'un Pézize avec une Algue unicellulaire.
Cela n'a rien à faire ici ; et, pour nous, aucune conciliation n'est possible entre la vérité et l'erreur. La théorie
Schwendenérienne est une hypothèse impossible, une
invention audacieuse créée de toutes pièces par ses
fondateurs, ne reposant sur rien, ne pouvant se démontrer par aucune observation directe, et que la moindre
connaissance de la végétation lichénique fait rentrer
dans le néant dont elle est issue. Il n'y a donc aucune
transaction, aucune conciliation possible entre les partisans et les adversaires de cette théorie ; et je suis
convaincu que M. Henneguy, qui a produit une fort
bonne thèse sur les Lichens utiles, arrivera bien vite,
s'il continue ses études, à lutter, lui aussi, contre cette
invasion du Schwendenérisme, auquel nous n'aurions jamais dû laisser passer notre frontière.

Il est singulier, cependant, que la première idée, relative au Schwendenérisme, ait été émise, sous forme de
boutade, par le Dr Nylander lui-même, bien avant
M. Schwendener.

M. Th. Fries, dans sa monographie des *Stereocaulon* (¹),
avait pris des pulvinules de *Sirosiphon saxicola* pour des
céphalodies de *Stereocaulon denudatum*. M. Nylander
(*Scand.*, p. 65) a rétabli la vérité des faits ; et comme
M. Th. Fries pensait que le *Sirosiphon saxicola*, jouant le
rôle d'une Algue, pénétrait dans le thalle du *Stereocaulon*,
pour y former une excroissance morbide sous forme de
céphalodie (²), M. Nylander répondit, en 1866 (*Lapp. Or.*,

______

(¹) Th. Fries, *Ster. Piloph.*, p. 13

(²) Voir, sur la nature des céphalodies, mon article : *Les Céphalodies des Lichens et le Schwendenérisme*, publié dans le *Guide du
Naturaliste*, Morlaix, juin 1884.

p. 117) : « Si, comme le prétend M. Th. Fries, les syngonimies des céphalodies sont des Algues, *toutes les gonidies
des Lichens sont des Algues.* »

C'est cette phrase ironique que M. Schwendener semble
avoir prise au sérieux; cette démonstration, par l'absurde,
a été retournée par lui du mauvais côté, et la fable
nouvelle (*fabula recens* Nyl.) est devenue le grand dogme
scientifique du XIXᵉ siècle.

Après les travaux du Dʳ Nylander contre le Schwendenérisme, il ne semble guère utile de passer en revue les
différents mémoires publiés dans le même sens par un
grand nombre de lichénologues. M. Crombie est un de
ceux qui paraissent avoir le mieux présenté la question
dans son ensemble et dans ses différents détails. Ses
études [1], notamment un travail encore inédit et qu'il
vient de lire à la Société linnéenne de Londres, sont destinées à répandre les saines idées en Angleterre. En Allemagne d'autres auteurs [2] ont également combattu le
bon combat.

En France, M. Lamy de la Chapelle, l'auteur distingué
du *Catalogue des Lichens du Mont-Dore et de la Haute-
Vienne*, s'est montré un des adversaires les plus résolus
du Schwendenérisme [3].

Mais ce sont là des lichénologues et, peut-être, pourrait-on les taxer de partialité pour le sujet de leurs études
favorites. Aussi est-il intéressant de savoir ce que les mycologues pensent sur cette question.

[1] Crombie, *On the Lichen-Gonidia question*, in the popular science
review. July, 1874; traduit, plus tard, en allemand, par Krempelhuber.

[2] Krempelhuber, *Flora*, 1871;—Caspary, 1872;—Kœrber, 1874, etc.

[3] Voir aussi Brisson, *Exam. crit. de la théor. de M. Schwend.*
Châlons-sur-Marne, 1877, 1879.

M. Cooke, le mycologue anglais si connu par ses nombreux travaux, a publié, en 1879, une brochure intitulée : *On the Dual Lichen hypothesis.* Après avoir énuméré les motifs qui lui font repousser le Schwendenérisme, comme, par exemple, les grandes différences physiologiques et biologiques qui existent entre les Lichens et les Champignons, il trouve un curieux argument dans les préférences des insectes pour ceux-ci plutôt que pour ceux-là. Ceux qui vivent sur les Champignons sont bien plus nombreux que ceux qui s'attaquent aux Lichens et n'appartiennent pas non plus aux mêmes espèces.

« Ces insectes, dit-il (¹), plus sages en cela que certains hommes, doivent avoir compris que les Lichens ne sont point des Champignons doublés d'une innocente Algue verte. Certes, si les Lichens leur offraient un aliment aussi agréable, ils leur donneraient la préférence. Mais, comme ils s'attaquent à toutes sortes de Champignons et laissent de côté les Lichens, il est manifeste qu'ils ne se sont pas encore convertis au Schwendenérisme. »

Mais, en fin de compte, c'est toujours le Dr Nylander qui est la principale source à laquelle il faut puiser pour traiter cette question à fond. C'est lui qui a fait toutes les observations et qui a formulé toutes les démonstrations d'où a jailli la vérité scientifique. C'est cet enseignement du Maître qui est redit, sous des formes diverses, par ses élèves ou ses émules ; et le seul mérite auquel, pour ma part, je puisse prétendre, est de divulguer, dans ma langue et dans mon pays, ces notions exactes dont tout l'honneur revient à lui.

(¹) ..... *but as they attack all kinds of Fungi, and do not attack Lichens, insects certainly have not yet become converts to the Schwendenerian hypothesis.* (Cooke, *loc. cit.*, p. 7.)

X

Une autre découverte non moins étonnante, due encore à un savant allemand, M. le Dr Minks, de Stettin, est venue frapper à nos portes et a cherché, elle aussi, à s'imposer à la crédulité française. Mais elle est loin d'avoir obtenu, chez nous, le même succès que la *fable* Schwendenérienne. Cependant elle a trouvé, en Suisse, un chaleureux partisan dans M. le Dr Mueller, de Genève. Hâtons-nous de la refouler dans son lieu d'origine, tandis qu'il en est temps encore, car si elle prenait l'allure du Schwendenérisme, il faudrait une vraie campagne pour la tailler en pièces.

Et pourtant le Minksianisme est l'ennemi mortel du Schwendenérisme (¹). Celui-ci n'a été créé que pour tuer celui-là. A ce titre, il devrait donc être notre allié. Hélas! non, car ses armes sont mauvaises; et, les découvertes de M. Minks n'ayant pas plus de corps et de réalité que celles de M. Schwendener, nous sommes encore obligés de combattre des ombres, c'est-à-dire des ennemis fort difficiles à saisir. Toutefois, avec le Minksianisme, le champ de bataille est moins vaste et, comme l'armée ennemie se réduit, à peu près, à deux combattants, il y a quelque raison d'espérer que nous en viendrons bientôt à bout. Nous aurons perdu une troupe auxiliaire, c'est vrai, mais la grande armée des lichénologues ne

---

(¹) M. Minks n'est pas tendre pour le Schwendenérisme, né pourtant sur le sol de sa patrie. Dans une lettre *en français*, publiée par la *Revue mycologique* de M. Roumeguère, à Toulouse (1880, p. 119) il s'exprime ainsi, au sujet des partisans de cette doctrine :

« *Leur* APPAREIL *d'argumentation est, hélas ! une simplicité* ÉPOUVANTABLEMENT *nue et mesquine, une* PRIMITIVITÉ *de l'expérience scientifique humiliant la physiologie moderne.* »

Que dira-t-on à Paris de cet *épouvantablement !*

s'apercevra pas de leur disparition. Du reste, la campagne que nous avons entreprise est pour la Vérité scientifique seulement et, par conséquent, là où est l'Erreur, là est l'ennemi.

M. Minks, convaincu (il faut lui en savoir gré) que le Schwendenérisme était une pure invention, a voulu prouver d'une manière originale que les gonidies des Lichens prenaient naissance dans l'intérieur du thalle. Cela est vrai, nous l'avons démontré plus haut (p. 35) et l'observation directe avec des grossissements modérés de trois ou quatre cents diamètres en donne la preuve incontestable, sans parler des autres constatations secondaires, ni des déductions tirées du mode de germination qui, toutes, conduisent aux mêmes résultats. Mais les Allemands ont un goût particulier pour la quintescence des choses, et quand une question paraît vidée, avec eux elle n'est jamais finie. Il ne suffisait pas à M. Minks de constater, comme tout le monde, que la gonidie se forme dans les cellules de la couche corticale, en dehors et hors de l'atteinte des hyphes naturelles ou des hyphes crochues et algophages de M. Stahl, son compatriote. Il les a cherchées et trouvées à leur état ultra-primitif, à leur état moléculaire et pour ainsi dire atomique, non pas seulement dans la couche cellulaire, mais dans les hyphes, les paraphyses, les thèques, les spores et jusque dans les « spermaties ([1]) ». Inutile d'ajouter qu'il a trouvé partout l'atome précieux si patiemment poursuivi. En effet, il aurait employé, paraît-il, pour ces investigations profondes, des grossissements de 2,000 à 3,000 diamètres. Avec cela on voit à peu près tout ce que l'on veut. C'est la matière di-

---

([1]) Ces « spermaties » devaient, probablement, être tout autre chose, car ces organes, n'étant munis d'aucune cavité, ne contiennent même pas de granulations moléculaires. Peut-être sont-ce des stylospores ou des pycnides qui auront été prises pour des spermaties.

visée à l'infini, il n'y a qu'à choisir : le *microgonidium* (¹) était trouvé. Si vous n'y croyez pas, allez y voir !

Le *microgonidium* (mot déjà employé par Kœrber) est la gonidie infinitésimale, le premier point inexprimable qui, plus tard, en grossissant énormément, deviendra la gonidie parfaite. Le Schwendenérisme était terrassé, car il avait dit : l'hyphe est un Champignon qui va à la chasse des Algues, improprement appelées autrefois gonidies ; s'il les cherche, c'est qu'il n'en a pas et qu'il en a besoin ; donc les gonidies ne sont pas en lui, elles sont en dehors de lui, et quand il les aura attrapées, il les enveloppera comme une araignée le fait pour sa proie ; il les sucera, mais il ne les avalera pas. Le Minksianisme nous montre les hyphes toutes gorgées de gonidies à tous les degrés de grandeur. C'est donc un grand service qu'il semble avoir rendu à la science.

Malheureusement cet état primitif de la matière, considéré par M. Minks comme étant le commencement des gonidies, est commun à tous les organes et à toutes les parties du Lichen. Il y a plus, il est commun aux autres végétaux. C'est ce qu'en anatomie générale on appelle les *granulations moléculaires* (²). L'origine des gonidies n'est donc pas là, et M. Mueller, dans sa notice sur *la Nature des Lichens* (³) a commis la même erreur que M. Minks en prenant ces granulations pour un état primitif des gonidies. Cet auteur a prétendu, en outre, que les microgonidies pouvaient servir de caractere spécifique pour la distinction des espèces de Lichens qui se rapprochent le plus des Champignons ; tels sont, par exem-

(¹) Das Microgonidium. *Ein Beitræg. zur Kenntniss der Flechten,* von Dr Arthur Minks, 1 vol. in-8°, 1879.

(²) Nyl., *Flora,* 1879, p. 206.

(³) *Société de Phys. et d'Hist. nat. de Genève,* séance du 25 décembre 1878, in-16, 7 pages.

ple, les espèces parasites réduites à leurs seules apothécies. M. Mueller semble ainsi admettre qu'avant la
découverte des microgonidies on n'avait aucun moyen
certain de distinguer ces sortes de Lichens d'avec un
Champignon. Les différences sont pourtant nombreuses.
D'abord les petits Champignons qui vivent en parasites sur les Lichens ne se comportent pas de la même
manière que les Lichens inférieurs vivant sur d'autres Lichens. Ainsi que l'a démontré M. Nylander (voir
plus haut p. 30), dans le premier cas il y a pénétration
du parasite à travers les tissus sous-jacents ; dans le second cas, il y a simplement superposition d'un Lichen
sur un autre. C'est qu'en effet, comme je l'ai déjà exposé
ailleurs (¹), les Lichens ne retirent aucune nourriture de
leurs substratums ; ils vivent *uniquement* aux dépens de
l'atmosphère. Il en est tout autrement des Champignons
qui eux, au contraire, puisent dans leurs supports une
partie des éléments qui leur sont nécessaires. Ce sont
bien là de vrais parasites. Les Lichens n'ont besoin que
d'un point d'appui, ce sont des hôtes désintéressés qui
ne demandent qu'une place au soleil ; leur présence est
peut-être un peu gênante, mais jamais nuisible. Il est
donc bien inutile d'aller demander aux microgonidies de
nous éclairer sur la nature lichénique ou fongique d'un
parasite. Il suffit de s'assurer si l'on trouve de la lichénine
dans ses tissus et des formes lichénines dans ses spores.

Mais les *microgonidies* ne devaient pas seulement servir à reconnaître la nature lichénique ou fongique des
infimes parasites des Lichens. Entre les mains de leur
heureux inventeur et de son principal disciple, elles allaient
devenir un moyen de diagnostic infaillible pour établir
une ligne de démarcation rigoureuse entre la classe des
Lichens et celle des Champignons.

(¹) *Étude sur les Substratums des Lichens,* pages 1 et suiv.

M. le Dr Mueller, dans une lettre publiée par la *Revue mycologique* (1882, p. 53) nous donne ainsi l'analyse des nouvelles découvertes de M. le Dr Minks :

« Dans ce premier volume ([1]) le Dr Minks nous résume (p. 1 à 176) ses observations analytiques faites sur 170 espèces des auteurs, numérotées et réunies par séries, et qui, presque toutes, avaient été considérées, jusqu'à ce jour, comme appartenant aux Champignons. Toutes ces plantes appartenant définitivement aux Lichens étaient antérieurement connues sous les noms génériques de *Peziza, Tympanis, Cenangium. Patellaria* (des mycologues), *Phacidium, Discella* et de quelques autres....... L'un de ces caractères essentiels se trouve partout dans le Lichen complet, dans sa sphère végétative comme dans les fruits, c'est le *microgonidium* qui est le caractère par excellence pour reconnaître la nature lichénique d'une plante. Par son ubiquité, il permet tout aussi bien de distinguer un thalle de Lichen stérile d'un stroma stérile de Champignon, qu'on peut différencier un fruit de Lichen sans thalle d'un fruit de Champignon. »

Ainsi voilà un organe qui n'existe pas, qui ne peut pas exister, puisque la genèse normale des gonidies s'opère dans les cellules d'une couche spéciale du thalle et non dans toutes les parties et dans tous les organes des Lichens ; il n'existe pas, parce que si le microgonidium était un état primitif des gonidies on trouverait des gonidies partout où l'on prétend rencontrer le microgonidium ; il n'existe pas, parceque ce qu'on baptise du nom de microgonidium, c'est-à-dire petite gonidie ou gonidie infinitésimale, n'est qu'un état moléculaire qui se rencontre chez tous les végétaux ; il n'existe pas, parce que, comme vient de le faire remarquer M. Nylan-

([1]) Minks, *Symbolæ licheno-mycologicæ*, ou *Beitræge zur Kenntniss der Grenzen zwischen Flechten und Pilzen*, 1 vol. in-8°, Cassel, 1881.

der (*Flora*, 1884, p. 393), « si tous les tissus lichéniques étaient farcis de microgonidies, toute section de Lichen apparaîtrait verdâtre ou foncée, ce qui n'a point lieu ; les observateurs les plus novices eux-mêmes peuvent s'en convaincre ! » — il n'existe pas ; et, cependant, cet organe merveilleux va devenir le signe caractéristique d'une grande classe de végétaux. Les Champignons, chez lesquels on croira l'avoir entrevu, cesseront d'être des Champignons pour venir enrichir la « légion des Lichens, » comme dirait M. Errera. Don funeste ! que les lichénologues ont refusé avec une unanimité touchante et qui est renvoyé intact à ses expéditeurs. Il y a quelqu'un cependant, c'est M. le Dr Egeling ([1]), qui a accepté ces présents d'Artaxercès, et qui énumère, comme contribution à la flore de Cassel, sous les n°s 311 à 324, 14 espèces de prétendus Lichens empruntés aux genres de Champignons énumérés plus haut.

Les recrues faites par MM. Minks et Mueller se réduisent à de bien rares adhérents. Espérons que le succès s'arrêtera là et que, dans tous les cas, il ne se propagera que de l'autre côté de la frontière.

On peut donc se passer du *microgonidium* aussi bien que du *gonangium*, du *gonocystium*, voire même du *gonocystidium*, toutes choses chimériques et purement imaginaires inventées par M. Minks avant la promulgation des microgonidies.

J'emprunte à M. Henneguy ([2]) les définitions de ces mots étranges : « Le *gonangium* est d'abord une cellule arrondie et brunâtre qui naît à l'extrémité d'un hyphe primaire ([3]) ; il se divise par bipartition répétée en une

---

([1]) *Beitræge zur Lichenenflora von Kassel*, p. 15. Cassel, 1884

([2]) Henneguy, *loc. cit.*, p. 24.

([3]) M. Henneguy fait le mot *hyphe* masculin. Ce mot, qui n'a pas encore pris place dans les dictionnaires de la langue française, est de

masse cellulaire à l'intérieur de laquelle on aperçoit, à un moment donné du développement, une cellule hyaline insérée sur l'extrémité de l'hyphe au sommet duquel s'est développé le *gonangium*. Cette cellule est la cellule mère des gonidies vertes qui naissent successivement dans son intérieur, puis sont mises en liberté. » — « Le *gonocystium* naît à l'extrémité d'un hyphe primaire, prend peu à peu un développement considérable, une forme ovale allongée et renferme un noyau (*gonocysti-dium*) qui se fragmente bientôt à l'infini. Dans chaque fragment de ce noyau apparaissent des gonidies vertes que l'auteur appelle *cystiogonidies*. Lorsque ces gonidies sont réunies, elles forment une agglomération enveloppée par les vestiges du gonocystium qui se convertit en gélatine. »

Ainsi qu'on l'a vu plus haut (p. 35), les choses se passent tout autrement pour la genèse des gonidies. Ces organes ne se forment nullement dans des dilatations terminales des hyphes, mais bien dans les cellules de la couche corticale.

Les secours que MM. Minks et Mueller ont cru apporter à la doctrine qui soutient l'autonomie des Lichens sont donc *absolument nuls*, comme le dit M. Henneguy (p. 26). Ils sont même dangereux puisqu'ils reposent sur des observations erronées, et c'est à ce titre que je les ai repoussés.

———◆———

Et maintenant ai-je réussi à démontrer l'inanité et l'impossibilité de la théorie Schwendenérienne ? Aurai-je

formation latine moderne, *hypha*, d'où les Anglais ont fait *hyphæ*. C'est à cause de cette origine qu'il doit être employé dans notre langue avec le genre féminin.

pu faire pénétrer la lumière du bon sens et de l'expérience sur cette question étrange qui n'aurait jamais dû être soulevée? Oui, pour tous les esprits non prévenus, pour les lichénologues et les spécialistes dont un très petit nombre étaient encore hésitants. Pour les autres, pour ceux qui ont signé de leur nom l'entrée en franchise de cette importation étrangère, je sais que tous les raisonnements et toutes les démonstrations sont inutiles, pour le moment du moins. Mais la vérité finit toujours par triompher tôt ou tard. La force prime souvent le droit et parfois aussi ne craint pas de l'opprimer. Mais le droit reste le droit ; aucun oubli, aucune persécution ne peut en changer la nature. Il est ce qui est ; il est immuable et imprescriptible. Sa vitalité est telle que, semblable au bon grain dispersé à tous les vents, il en germe toujours çà et là une certaine quantité qui croît, mûrit, se multiplie et finit par échapper aux causes de destruction qui l'entouraient. De même les saines idées, quoique repoussées d'abord par ceux qui avaient pris l'habitude de les nier, finissent, presque toujours, par s'imposer aux esprits sérieux et indépendants. Dans le feu de la discussion, comme dans l'ardeur d'un combat, on résiste, on ne peut se décider à reculer devant son adversaire. Mais plus tard, lorsque les impressions sont soumises à l'examen de la réflexion, il se fait une sorte de travail inconscient, dans lequel la volonté personnelle cède peu à peu le terrain aux exigences de la simple vérité. On a été frappé, sans vouloir en convenir, par tels ou tels arguments ; on voudrait les repousser encore ; mais on y met moins d'obstination, parce qu'on ne lutte que contre soi-même ; et enfin il arrive un moment où on se dit en toute sincérité : c'est vrai, je me suis trompé. Et il n'y a rien de plus honorable que de le déclarer loyalement.

C'est ce qui arrivera, un jour, pour nos savants français, car c'est surtout pour eux que j'écris. La France est un pays facile à conduire à l'erreur. Malgré tout l'esprit qu'on nous prête, nous nous laissons endoctriner avec une naïveté extrême. Mais si les chutes ont été parfois bien profondes, les retours vers un état plus normal ont été non moins fréquents. C'est une crise qui passe. Laissons-là passer, nous en verrons bientôt la fin.

La Roche-sur-Yon, juillet 1884.

O.-J. RICHARD.

Extrait de l'*Annuaire de la Société d'Émulation de la Vendée*, 31ᵉ année, 1884.

La Roche-sur-Yon, imp. SERVANT.

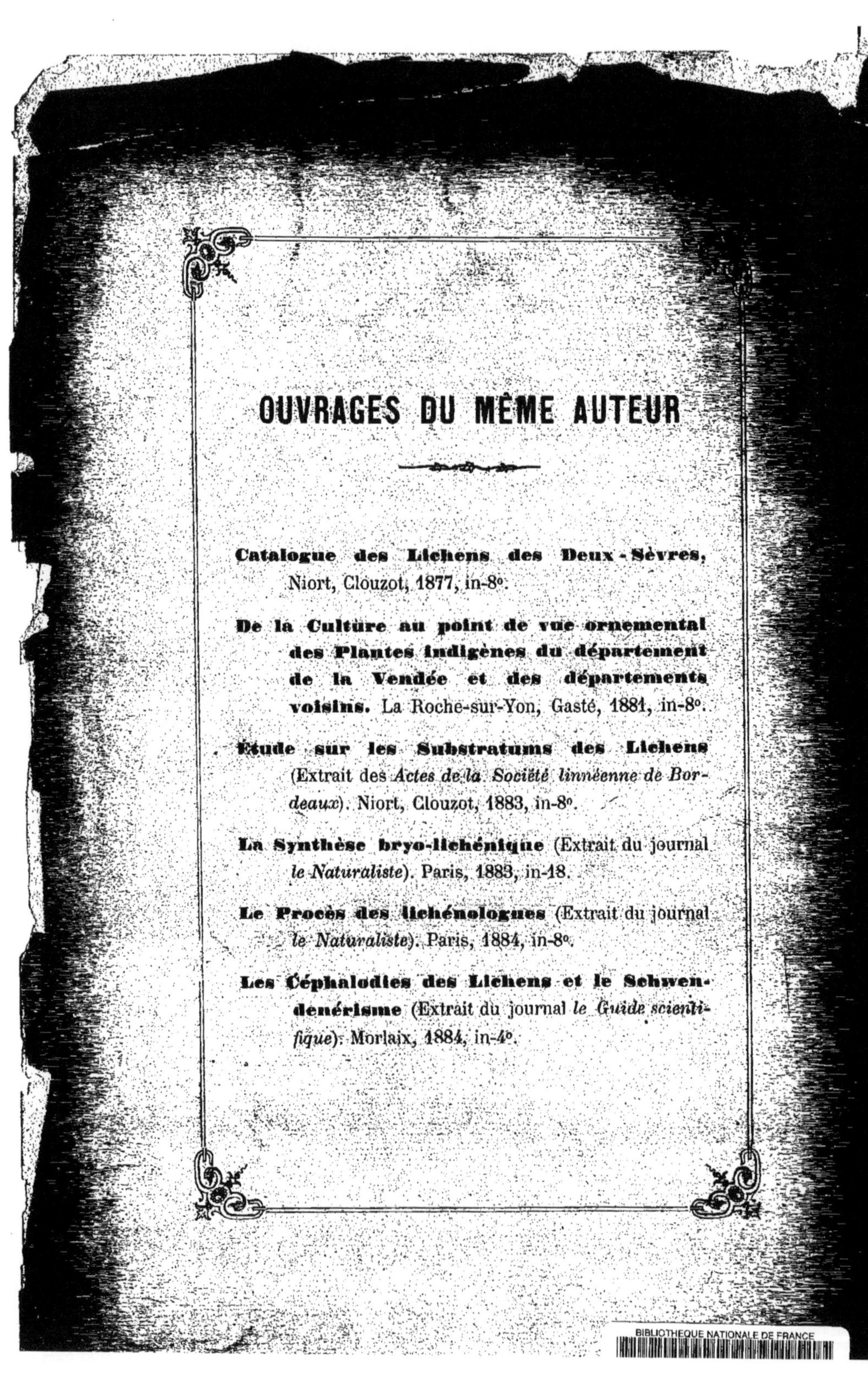

OUVRAGES DU MÊME AUTEUR

Catalogue des Lichens des Deux - Sèvres, Niort, Clouzot, 1877, in-8°.

De la Culture au point de vue ornemental des Plantes indigènes du département de la Vendée et des départements voisins. La Roche-sur-Yon, Gasté, 1881, in-8°.

Étude sur les Substratums des Lichens (Extrait des *Actes de la Société linnéenne de Bordeaux*). Niort, Clouzot, 1883, in-8°.

La Synthèse bryo-lichénique (Extrait du journal *le Naturaliste*). Paris, 1883, in-18.

Le Procès des lichénologues (Extrait du journal *le Naturaliste*). Paris, 1884, in-8°.

Les Céphalodies des Lichens et le Schwendenérisme (Extrait du journal *le Guide scientifique*). Morlaix, 1884, in-4°.

9 782014 095074